FALAFEL

FALAFEL

KÖSTLICHE REZEPTE FÜR FALAFEL, SAUCEN, PICKLES, SALATE & BROT

MIT REZEPTEN VON
DUNJA GULIN

Librero

Titel der Originalausgabe: *Falafel*

© 2024 Librero IBP (für die deutschsprachige Ausgabe)
www.librero-ibp.com

Die englische Originalausgabe erschien
2023 bei Ryland Peters & Small
Limited, 20-21 Jockey's Fields, London
WC1R 4BW.

Text © Dunja Gulin, plus Ghillie Basan, Matt Follas,
Kathy Kordalis, Theo A. Michaels, Hannah Miles, Louise
Pickford, Claire Power, Leah Vanderveldt,
Laura Washburn Hutton und Sarah Wilkinson 2023

Design und Fotos © Ryland Peters & Small 2023

Siehe Seite 160 für den genauen Nachweis.

Design Geoff Borin
Kreativdirektion Leslie Harrington
Redaktion Abi Waters
Redaktionsleitung Julia Charles
Herstellung Gordana Simakovic

Register Vanessa Bird

Übersetzung aus dem Englischen:
Anita Weinberger-Schwendenwein, Wien
Redaktion und Satz der deutschen Ausgabe:
Print Company Verlagsges.m.b.H., Wien

Printed by GPS Group

ISBN: 978-94-6499-012-6

Anmerkungen

· Alle Angaben in Löffelmaßen beziehen sich auf
gestrichene Löffel, wenn nicht anders angegeben.
1 TL sind 5 ml und 1 EL sind 15 ml.

· Der Backofen sollte auf die angegebene
Temperatur vorgeheizt werden. Die Rezepte in
diesem Buch wurden mit einem normalen Ofen
getestet. Bei Verwendung eines Backofens mit
Umluft folgen Sie den Anweisungen des
Herstellers, um die Temperaturen anzupassen.

· Wenn ein Rezept nach geriebenen Schalen von
Zitrusfrüchten verlangt, kaufen Sie ungewachste
Früchte und waschen Sie sie vor der Verwendung.
Sollte nur behandeltes Obst zur Verfügung stehen,
bürsten Sie es vor der Verwendung kräftig mit
warmen Seifenwasser ab.

· Verwenden Sie immer sterilisierte Behälter. Für
weitere Informationen konsultieren Sie die
Websites des deutschen Bundesinstitutes für
Risikobewertung oder die Österreichische Agentur
für Gesundheit und Ernährungssicherheit.

· Jeder isst unterschiedlich viel Hummus, in diesem
Buch nehmen wir eine ungefähre Menge von 50 g
für eine kleine, 100 g für eine große Portion
Hummus pro Person an.

INHALT

EINLEITUNG

Als ich klein war, hatte ich nie etwas von Falafel gehört, geschweige denn gegessen oder bei der Zubereitung zugesehen – du findest so etwas nicht auf den Straßen einer Kleinstadt in Istrien, Kroatien, wo ich in den 1980er-Jahren aufwuchs. Allerdings waren alle Zutaten dafür leicht erhältlich und fanden sich in den Küchen meiner Großmütter und meiner Eltern; Kichererbsen waren ein Grundnahrungsmittel, vor allem in Eintöpfen und Salaten. Meine Großmutter baut sogar seit den 1960er-Jahren bis heute Kichererbsen an, und jedes Mal, wenn ich sie besuche, weiß ich, dass bei meiner Abreise ein großer Sack davon auf mich wartet!

Aber erst in den späten 1990er-Jahren, als ich als junge Feinschmeckerin nach London zog, um neue Geschmäcker zu entdecken, sah und kostete ich zum ersten Mal Falafel. Ich kann mich noch genau an jenen Samstag auf dem Shepard's Bush Markt erinnern, als mir Falafel erstmals in die Augen stachen. Ich besaß kein Smartphone, das mich zu einem guten vegetarischen Restaurant geführt hätte, und kein Bericht auf einer Website sagte mir, was geschmackvoll wäre und was nicht – nach gutem Essen Ausschau zu halten, war damals eine völlig andere Erfahrung! Ich stellte dem Verkäufer einige Fragen und sobald ich das Wort „Kichererbsen" hörte, wusste ich, das war's! So etwas wie den Wrap, den ich dort kaufte, hatte ich noch nie gekostet – frittierte Bällchen umhüllt mit Pita-Brot, in genau der richtigen Mischung von cremig und bitter durch den Hummus und die Pickles und das Gemüse.

Wow! Es dauerte nicht lang, bis ich in einem Buchladen aus einem Kochbuch aus dem Nahen Osten ein Falafel-Rezept kopierte, und seitdem mache ich meine eigenen Falafel.

Die Kichererbsen meiner Großmutter sind immer noch die wichtigste Zutat bei der Zubereitung meiner Falafel. Ich experimentierte jedoch mit vielen anderen Zutaten für alternative, falafelähnliche Gerichte. Das bedeutet für Menschen, die kein frittiertes Essen mögen oder traditionelle Falafel nicht so gut vertragen, oder sogar jene, die nur Rohkost essen, dass sie nicht auf ein gutes falafelähnliches Gericht verzichten müssen.

Ich hoffe sehr, dass Sie meine Auswahl an frittierten, gebackenen und rohen Falafel und alles, was gut dazu passt, von Hummus über Pita-Brot bis zu Pickles, zu schätzen wissen. Genießen Sie es!

TIPPS & TRICKS

Ich mache vielerlei Falafeln und werde oft von Leuten gefragt: Warum fallen sie nicht auseinander oder saugen das ganze Öl auf? Wie gelingen die feine Kruste und das saftige Innere? Welche geheime Zutat macht sie so geschmackvoll? Diese und viele andere Fragen zeigen, dass es ein ziemlich schwieriges Unterfangen ist, richtig gute Falafeln zuzubereiten. Wenn ich es mir jetzt so recht überlege, gibt es einige entscheidende Momente, in denen ein kleiner Fehler den Unterschied zwischen einer perfekten Falafel und einer misslungenen Falafelmischung ausmacht! Nun, liebe Feinschmeckerfreunde, ist es meine Pflicht, alle meine Tipps und Tricks zu verraten, und ich hoffe sehr, dass Sie meine Anleitungen hilfreich finden.

• Wenn Sie Falafel mit eingeweichten Kichererbsen machen, stellen Sie sicher, dass sie mindesten 24 Stunden eingeweicht werden. Das macht sie nicht nur weicher und leichter zu pürieren, sondern die Falafel sind auch leichter verdaulich, und Sie werden sich nach dem Essen leichter und satter fühlen.

• Wenn Sie Falafel auf der Basis von gekochtem Getreide oder Bohnen machen, stellen Sie sicher, dass die Zutaten Raumtemperatur haben und nicht direkt aus dem Kühlschrank kommen.

• Wenn in der Mischung Gemüse verarbeitet wird, hacken oder reiben Sie es fein. Sonst könnten größere Stücke die Mischung während des Frittierens zerfallen lassen.

• Mischen oder kneten Sie die Falafelmischung eine Zeit lang, bis alle Zutaten gut verbunden sind.

• Verwenden Sie für frittierte Falafel nie Brösel zum Binden der Masse – Ihre Falafel werden zerfallen und viel Öl aufsaugen. Das gilt allerdings nur für frittierte Falafel; wenn Sie sie in der Pfanne braten oder backen, ist die Zugabe von Bröseln in Ordnung.

• Die meisten Mischungen müssen mindestens 30 Minuten ruhen, um gut zu binden.

• Verwenden Sie zum Frittieren eine kleine Edelstahl- oder Gusseisenpfanne mit schwerem Boden.

• Falafel aus eingeweichten Kichererbsen oder Tipps & Tricks müssen für eine perfekte Garung länger frittiert werden, als solche aus gekochtem Getreide oder gekochten Kichererbsen.

• Verwenden Sie ausreichend Öl zum Frittieren (mindestens 3 Finger hoch im Bräter oder der Pfanne).

• Erhitzen Sie das Öl, bis es sich zu „bewegen" beginnt – die richtige Temperatur ist beim Frittieren wirklich wichtig. Wenn das Öl nicht heiß genug ist, sinkt die Falafel nach unten, saugt sich mit Öl voll und wird zerfallen. Ist das Öl hingegen zu heiß, verbrennt die Falafel außen und bleibt im Inneren roh.

• Sobald Sie einige Falafel in die Pfanne gelegt haben, sollte das Öl sofort zischen und aufschäumen. Sollte das nicht so sein, müssen Sie das Öl ein wenig stärker erhitzen.

• Wenn die Pfanne zu voll ist, sinkt die Temperatur des Öls drastisch und die Falafel werden zerfallen und/ oder ölig werden und roh bleiben. Wie viel Stück man auf einmal frittieren kann, hängt von der Größe der Pfanne ab, aber man sollte immer etwas freien Platz lassen.

• Sollten Sie eine große Menge Falafel machen, die in Mehl oder Körnern gewälzt sind, werden Sie wahrscheinlich an einem gewissen Punkt das Öl durch ein Stahlsieb oder einen Strainer filtern müssen, um die verbrannten Rückstände zu entfernen. Sonst wird die letzte Charge bitter und verbrannt schmecken.

• Sobald die Falafel gut gebräunt sind (es ist besonders wichtig, Falafel aus eingeweichten Kichererbsen gut durchzubraten), nehmen Sie sie mit einem Schaumlöffel heraus und setzen sie auf einen mit Küchenpapier ausgelegten Teller. Der Fettfleck auf dem Papier sollte klein und nicht rund um die Falafel ausgebreitet sein. Diese sollte kompakt, mit einer dünnen Kruste und innen saftig sein und nur leicht fetten.

• Rohe Falafelmischungen aus eingeweichten Kichererbsen sowie rohe geformte und sogar Reste von schon frittierten Falafeln kann man einfrieren. Mein Rat wäre, die ganze Menge zu frittieren und dann die Reste einzufrieren. So müssen Sie sie nur mehr auftauen, mit etwas Öl beträufeln und im Ofen aufbacken, bis sie knusprig sind. Sie schmecken fast noch besser als frisch gemacht!

KICHERERBSEN KOCHEN

Das Erste, was man für guten Hummus machen muss, ist, die Kichererbsen zu kochen, sodass sie weich, leichter verdaulich und zu einer cremigen Paste zu verarbeiten sind. Ich verwende getrocknete Kichererbsen – sie sind billiger und gesünder als solche in Dosen, und das Ergebnis ist ein göttlicher Hummus. Getrocknete Kichererbsen und Bohnen muss man mindestens 12 Stunden vor dem Kochen einweichen. Diesen Schritt sollte man nicht auslassen, denn ansonsten könnte man Magenschmerzen und Blähungen bekommen.

KOCHEN IM DRUCKKOCHTOPF

180 g Kichererbsen oder andere harte Bohnen

2 l Wasser, zum Einweichen

700 ml Wasser oder bei Bedarf mehr zum Kochen

2 getrocknete Lorbeerblätter

5 cm langes Stück Kombu (optional)

Ich bevorzuge Druckkochtöpfe, denn so muss man nicht dauernd achtgeben, außerdem werden die Kichererbsen weicher und leichter verdaulich. Man braucht keinen teuren Druckkochtopf mit kompliziertem Deckel, bei dem niemand weiß, wie man ihn bedient; es gibt billige, mechanische Modelle nach italienischer Art, die Ihnen Jahrzehnte dienen werden!

Kichererbsen oder Bohnen 12 Stunden in Wasser einweichen. Einweichwasser abgießen, Erbsen in den Druckkochtopf geben, mit frischem Wasser bedecken und alles zum Kochen bringen. Nochmals abgießen, gut abspülen und mit frischem Wasser, 3–4 cm über den Erbsen, auffüllen. Lorbeerblätter und Kombu (wenn gewünscht) zugeben. Deckel sicher verschließen und bei mittlerer Hitze kochen lassen, bis es zu zischen beginnt und das Ventil in die Höhe steigt. Auf niedere Temperatur reduzieren (gerade dass man das Zischen des aus dem Ventil austretenden Dampfes hört) und 1 Stunde kochen lassen. Herd ausschalten, warten, bis der Druck abfällt und Deckel öffnen.

Kichererbsen oder Bohnen sollten weich sein. Wenn man sie nicht sofort verwendet, auskühlen lassen, in einen Glasbehälter mit dichtem Deckel geben, mit Kochwasser bedecken und kalt stellen. Man kann sie etwa 10 Tage aufbewahren.

KOCHEN

180 g Kichererbsen oder andere
harte Bohnen

2 l Wasser, zum Einweichen

800 ml Wasser oder bei Bedarf
mehr zum Kochen

2 getrocknete Lorbeerblätter

5 cm langes Stück
Kombu(optional)

Besitzt man keinen Druckkochtopf, kann man Kichererbsen und
andere Bohnen auch in einem normalen Topf mit schwerem
Boden kochen. Das dauert meist länger als mit dem Druckkochtopf – die Kochzeit hängt stark von der Art, der Größe und dem
Alter der Bohnen ab: Ältere Bohnen sind härter und müssen
länger gekocht werden. Kichererbsen und andere Bohnen
12 Stunden einweichen. Einweichwasser abgießen, mit frischem
Wasser bedecken und zum Kochen bringen. Nochmals abgießen,
abspülen und mit 800 ml frischem Wasser auffüllen. Lorbeerblätter und Kombu (wenn gewünscht) zugeben. Bei hoher Hitze
ohne Deckel kochen lassen. Mit einem Schaumlöffel eventuell
auftretenden Schaum abschöpfen. Hitze reduzieren, zudecken
und etwa 1 Stunde weich kochen. Alle 20 Minuten kontrollieren
und wenn nötig heißes Wasser nachgießen. Nach dem Kochen
sollten die Kichererbsen oder Bohnen weich sein.

SCHOCK-METHODE

180 g Kichererbsen oder andere
harte Bohnen

1,9 l Wasser, zum Einweichen

600 ml Wasser plus mehr kaltes
Wasser zum Nachgießen zum
Kochen

2 getrocknete Lorbeerblätter

5 cm langes Stück Kombu
(optional)

Diese Methode ist etwas aufwendiger und verlangt ständige
Aufmerksamkeit. Man muss während des Kochvorgangs laufend
kaltes Wasser zugeben, um die heißen Bohnen zu „schocken",
damit die Haut weicher und leichter verdaulich wird. Der beste
Topf dafür ist aus Gusseisen mit schwerem Boden und flexiblem
Deckel, den man in den Topf einpassen kann. Bohnen, die man
so kocht, schmecken köstlich und etwas süßer.

Kichererbsen oder Bohnen 12 Stunden einweichen.
Einweichwasser abgießen, mit frischem Wasser bedecken und
zum Kochen bringen. Nochmals abgießen, abspülen und mit
600 ml frischem Wasser auffüllen. Lorbeerblätter und Kombu
(wenn gewünscht) zugeben. Bei mittlerer Hitze ohne Deckel
kochen, mit einem Schaumlöffel eventuell auftretenden Schaum
abschöpfen. Hitze reduzieren und mit einem Deckel mit weniger
Durchmesser als der Topf die Bohnen abdecken. Wasserspiegel
überwachen, indem man den Deckel anhebt und kaltes Wasser
an der Seite zugießt, wenn zu wenig Wasser im Topf ist. Etwa
1–2 Stunden kochen, bis die Kichererbsen weich sind.

FRITTIERTE FALAFEL

Sicher haben Sie eines der klassischen Falafel-Rezepte schon gekostet oder sogar zubereitet. Wenn Kichererbsen 24 Stunden lang ordentlich eingeweicht werden, ergeben sie eine angenehm feuchte und dennoch leichte und gut verdauliche Mischung.

TRADITIONELLE KICHERERBSEN-FALAFEL-TASCHEN

180 g getrocknete Kichererbsen

80 g Zwiebel, gehackt

2 Knoblauchzehen

1 Bund Petersilie, nur Blätter

2 TL Koriander, gemahlen

½ TL Natron/Backpulver

1 TL Kreuzkümmel, gemahlen

⅛ TL Chilipulver

1½ TL Salz

230 ml Öl, zum Frittieren

SERVIERVORSCHLAG
4 Pita-Brote

Tahini (siehe Seite 113)

Rohkost (wie geschnittene Tomaten, Gurken, Radieschen, , Petersilie, Frühlingszwiebeln)

ERGIBT 24–26 KLEINE FALAFELN

Kichererbsen 12 Stunden in reichlich Wasser einweichen, abgießen, Einweichwasser entfernen, mit frischem Wasser bedecken und weitere 12 Stunden einweichen. Abgießen, gut abspülen und 5 Minuten abtropfen lassen.

Am besten verwendet man eine Küchenmaschine mit einer S-Klinge, um die Falafel-Mischung zu pürieren, man kann sie jedoch auch in 2 Chargen in einem guten Mixer zerkleinern.

Kichererbsen pürieren; die Konsistenz sollte grobem Sand ähneln. Alle restlichen Zutaten zugeben (außer dem Öl zum Frittieren) und zu einer Paste pürieren. Mit Frischhaltefolie abdecken und 1 Stunde oder länger im Kühlschrank ruhen lassen.

Zu walnussgroßen Kugeln formen, dabei Hände von Zeit zu Zeit befeuchten, damit die Masse nicht daran kleben bleibt.

Falafeln im heißen Öl 4 Minuten schön braun frittieren (siehe Tipps auf Seite 9). Da wir bei diesem Rezept eingeweichte Kichererbsen verwenden, muss man die Falafeln frittieren, um sie verdaulich zu machen – sie zu backen, würde nicht funktionieren.

Pita-Brote erwärmen, mit Rohkost nach Wahl befüllen, Falafel zugeben und mit Tahini servieren. Mmm!

Der wichtigste Schritt bei der Zubereitung dieser Falafel ist, alle Zutaten wirklich gut zu einer dicken Paste zu verbinden. Grobe Falafel-Mischung verbrennt leicht und neigt dazu, beim Frittieren zu zerfallen – wir möchten für diese köstlichen Falafeln eine angenehm knusprige Kruste mit einem saftigen, strahlend grünen Inneren. Man kann frische oder aufgetaute Erbsen statt der dicken Bohnen verwenden – das Ergebnis ist gleich köstlich.

DICKE-BOHNEN-FALAFEL

350 g ausgelöste frische dicke Bohnen/Fava-Bohnen

2 Knoblauchzehen, zerdrückt

½ kleiner Bund frische Minze, nur Blätter

½ kleiner Bund frische Petersilie, nur Blätter

½ TL Salz

¼ TL Kreuzkümmelsamen, zerdrückt

1 TL Koriander, gemahlen

1 EL Kichererbsenmehl

230 ml Öl, zum Frittieren

SERVIERVORSCHLAG

Gebackene Kürbiswürfel

Rosa oder gewöhnliches Sauerkraut

Rucola oder Grünzeug

Cashew-„Joghurt"-Sauce oder Tofu-Mayonnaise (siehe Seite 106)

ERGIBT 10 FALAFELN

Wasser in einem Topf zum Kochen bringen und dicke Bohnen 1 Minute kochen. Abgießen und unter kaltem Wasser abspülen, bis man sie angreifen kann. Schoten mit den Fingern aufdrücken und die strahlend grünen Bohnen im Inneren herauslösen. Man sollte etwa 250 g ausgelöste Bohnen erhalten.

In einer Küchenmaschine mit einer S-Klinge Minze und Petersilie hacken, dann die ausgelösten Bohnen zugeben und zu einer Paste pürieren. In eine Schüssel geben, restliche Zutaten (außer dem Öl) zugeben und einige Sekunden kneten, um alles gut einzuarbeiten.

Kleine Mengen von der Masse abstechen und mithilfe von 2 Löffeln ovale Bällchen mit leicht spitzen Enden formen. Falafeln in heißem Öl 4 Minuten schön braun frittieren (siehe Tipps auf Seite 9).

Ich serviere diese Falafeln in flachen Schüsseln mit gebackenem Kürbis, rosa Sauerkraut und Rucola als Beilagen, beträufelt mit Cashew-„Joghurt"-Sauce oder Tofu-Mayonnaise. Eine sehr befriedigende und nahrhafte Mahlzeit!

Kichererbsen sind nicht das einzige Gemüse, das man einweichen kann, um Falafeln daraus zu machen! Rote Linsen sind auch eine Option – sie ergeben weichere und leichter verdauliche Falafeln, und die Einweichzeit ist kürzer! Ich mische meist indische Gewürze aus meinem Garten bei, aber zögern Sie nicht, jedes Gewürz und jede Art von Grünzeug zu verwenden, die Sie gerade zur Hand haben!

ROTE-LINSEN-FALAFEL-WRAPS

90 g rote Linsen

40 g Mangold oder Spinat, fein gehackt

2 Knoblauchzehen

½ TL Salz

1 TL frischer Ingwer, fein gehackt

1 TL Currypulver

½ TL Koriander, gemahlen

½ TL Kurkuma, gemahlen

½ TL Garam masala

½ TL Ingwerpulver

⅛ TL Chilipulver (oder nach Geschmack)

230 ml Öl, zum Frittieren

SERVIERVORSCHLAG

Vollkorn-Tortillas

Junge Salatblätter

Super einfache Salsa (siehe Seite 109)

Kräuter-Avocado-Dip (siehe Seite 108)

ERGIBT 12 FALAFELN

Rote Linsen gründlich waschen und über Nacht in viel Wasser einweichen. Abgießen, gut abspülen und 5 Minuten abtropfen lassen. Am besten verwendet man eine Küchenmaschine mit einer S-Klinge, um die Falafel-Mischung zu pürieren, man kann sie jedoch auch in einem guten Mixer zerkleinern. Alle restlichen Zutaten zugeben (außer dem Öl zum Frittieren) und zu einer Paste pürieren, die Textur sollte grobem Sand ähneln.

Zu walnussgroßen Kugeln formen, etwas abflachen, sodass man eine ovale Form erhält, dabei Hände befeuchten, damit die Masse nicht kleben bleibt.

Falafeln in heißem Öl 4 Minuten schön braun frittieren (siehe Tipps auf Seite 9). Da wir bei diesem Rezept eingeweichte Linsen verwenden, muss man die Falafeln frittieren, um sie verdaulich zu machen – sie zu backen, würde nicht funktionieren.

Für die Wraps Tortillas im Backofen erwärmen, mit Salat und 4 bis 5 Falafel belegen und mit je 2 EL Salsa und Avocado-Dip beträufeln. Besser noch, alle Zutaten auf den Tisch stellen und jeder darf sich seinen eigenen Wrap zusammenstellen!

Das ist einmal Falafel-Rezept mit einem leicht anderen Aroma! Der Fenchel-geschmack der Samen und der Knolle passt gut zum erfrischenden Aroma der Zitronenschale. Das müssen Sie probieren!

FENCHEL-FALAFEL MIT ZITRONENAROMA

180 g getrocknete Kichererbsen

2 Schalotten

2 Knoblauchzehen

½ Bund frisches Fenchelgrün oder Koriander

1 TL Fenchelsamen, zerdrückt

1 TL Zitronenzesten

½ TL Natron/Backpulver

1 TL Koriander, gemahlen

⅛ TL Chilipulver

1½ TL Salz

230 ml Öl, zum Frittieren

SERVIERVORSCHLAG

Pita-Brote

Romanasalatblätter

Fenchelknolle, mit einem Gemüseschäler in dünne Scheiben gehobelt

Pickles

Tahini (siehe Seite 113, oder andere Sauce nach Wahl)

Zitronenspalten

ERGIBT 24–26 KLEINE FALAFELN

Kichererbsen 12 Stunden in reichlich Wasser einweichen, abgießen, Einweichwasser entfernen, mit frischem Wasser bedecken und weitere 12 Stunden einweichen. Abgießen, gut abspülen und 5 Minuten abtropfen lassen. 24 Stunden Einweichzeit macht die Falafel leichter verdaulich und die Mischung wird nicht so trocken.

Am besten verwendet man eine Küchenmaschine mit einer S-Klinge, um die Falafel-Mischung zu pürieren, man kann sie jedoch auch in 2 Chargen in einem guten Mixer zerkleinern.

Kichererbsen pürieren; die Konsistenz sollte grobem Sand ähneln. Alle restlichen Zutaten zugeben (außer dem Öl zum Frittieren) und zu einer Paste pürieren. Mit Frischhaltefolie abdecken und 1 Stunde oder länger im Kühlschrank ruhen lassen.

Zu walnussgroßen Kugeln formen, dabei Hände von Zeit zu Zeit befeuchten, damit die Masse nicht daran kleben bleibt.

Falafeln in heißem Öl 4 Minuten schön braun frittieren (siehe Tipps auf Seite 9). Da wir bei diesem Rezept eingeweichte Kichererbsen verwenden, muss man die Falafel frittieren, um sie verdaulich zu machen – sie zu backen, würde nicht funktionieren.

Pita-Brote erwärmen, mit Salat, Fenchel, Pickles und Falafel befüllen und mit Tahini und Zitronenspalten servieren.

Wenn Sie nach einem schnellen Falafel-Rezept suchen, das wenig Vorbereitung verlangt, versuchen Sie doch diese knusprigen Gustostückchen! Das Wichtigste ist, sie mit einer Menge Sauce zu servieren, da die Verwendung von Kichererbsenmehl statt eingeweichter Kichererbsen eine trockenere Konsistenz ergibt.

BÄLLCHEN AUS KICHER-ERBSENMEHL & HARISSA

120 g Kichererbsenmehl

¼ TL Natron/Backpulver

½ TL Salz

½ TL Koriander, gemahlen

1 TL Harissa (oder nach Geschmack)

¼ TL Oregano, getrocknet

30 g/1 EL Zwiebel, sehr fein gehackt

80 ml heißes Wasser

3 EL Kokosfett (oder anderes Öl), zum Braten

Harissapaste und Tofu-Mayonnaise (siehe Seite 106), zum Servieren (optional)

ERGIBT 8–10 BÄLLCHEN

Mehl mit den anderen trockenen Zutaten vermengen, gehackte Zwiebel zugeben und langsam das heiße Wasser einarbeiten. Es sollte ein nicht zu klebriger Teig entstehen, der leicht zu formen ist. Mischung 10 Minuten ruhen lassen, bevor man sie zu kleinen Bällchen formt.

Öl in einer beschichteten Pfanne bei mittlerer Hitze erwärmen. Je nach Größe der Pfanne wird man mindestens in 2 Chargen arbeiten müssen; die Pfanne sollte nicht übervoll sein. Hitze reduzieren und Falafeln 3–4 Minuten auf jeder Seite braten, bis sie goldbraun sind. Falls man seine Schärfetoleranz testen will, sollte man diese Falafeln mit viel Harissa sowie Tofu-Mayonnaise zum Kühlen servieren!

Ich liebe Tempeh, aber es dauerte Jahre, bis ich bemerkte, dass sich seine Konsistenz, wenn es zerdrückt ist, absolut perfekt für Rezepte im Falafel-Stil eignet! Es bindet sehr gut und absorbiert beim Frittieren kein Öl, was eine gute Sache ist! Chiliflocken verleihen eine pikante Note, und Kala Namak bringt ein eierähnliches Aroma, das Nicht-Veganer schätzen werden.

KROSSE TEMPEH-FAUX-LAFEL

300 g Tempeh

70 g grüne Paprikaschote, fein gehackt

3 EL frische Petersilie oder Koriander, gehackt

1 Knoblauchzehe, zerdrückt

½ TL kurdische Isot-Pfefferflocken (oder andere Chiliflocken)

¾ TL Kala Namak (schwarzes Salz)

230 ml Öl, zum Frittieren

ERGIBT 10 GROSSE ODER 20 KLEINE FALAFELN

Das Stück Tempeh im Ganzen in einen Topf mit kochendem Wasser legen und 15 Minuten köcheln lassen. Das macht das Tempeh weicher und leichter verdaulich, und die Falafel werden nicht zerfallen (aber wenn man es eilig hat, kann man das Kochen auch auslassen). Abgießen, etwas auskühlen lassen und mit einer Gabel zerdrücken.

Alle anderen Zutaten (außer dem Öl zum Frittieren) zugeben und mit den Händen zu einem kompakten Teig verkneten.

Aus der Mischung Falafeln formen (entweder 10 große oder 20 kleine) und in heißem Öl 2–3 Minuten frittieren, bis sie goldbraun sind (siehe Tipps auf Seite 9).

Zu meinen bevorzugten Servieroptionen zählen: mit Pasta und Tomatensauce im Winter; oder mit veganer Mayonnaise, frischer Tomaten-Salsa und Avocadoscheiben im Sommer.

Eigentlich habe ich keine Ahnung, wie griechisch diese Zucchini-Falafel wirklich sind, aber die Zucchini-Basis mit Kichererbsen-Ergänzung und der Joghurt-Gurken-Sauce ließ mich an einen heißen Sommer denken, den ich vor langer Zeit in Griechenland verbrachte und wo ich das hausgemachte Essen genoss!

FALAFEL-BEIGNETS AUF GRIECHISCH

550 g Zucchini, geraspelt
1 TL Salz, plus extra nach Geschmack
4 EL Petersilie, frisch gehackt
¼ TL Kurkuma, gemahlen
¼ TL Kreuzkümmel, gemahlen
½ TL Koriander, gemahlen
80 g Kichererbsenmehl
Schwarzer Pfeffer, frisch gemahlen
Olivenöl, zum Braten

SERVIERVORSCHLAG
Tzatziki (siehe Seite 88)
Zitronenspalten
Koriander, frisch gehackt
Fladenbrote

ERGIBT 14–16 BEIGNETS

Geraspelte Zucchini in eine Schüssel geben, 1 TL Salz zugeben, gut vermengen und 10 Minuten ruhen lassen. Zucchini gut ausdrücken und Flüssigkeit entfernen. Petersilie, Kurkuma, Kreuzkümmel, Koriander, Mehl, Pfeffer und mehr Salz nach Geschmack zugeben und schnell mit einem Spatel verrühren.

Mit einem kleinen runden Keksausstecher oder einem Messlöffel 14–16 gleich große Bällchen formen und etwas abflachen.

Eine beschichtete Pfanne bei mittlerer Hitze erwärmen, etwas Olivenöl eingießen und Falafeln 3–4 Minuten auf jeder Seite goldbraun braten.

Mit Tzatziki, Zitronenspalten, Koriander und Fladenbrot oder ganz nach Ihrem Wunsch servieren!

Diese Falafel sind außen knusprig und innen cremig, aber servieren Sie sie unbedingt frisch gemacht! Kalamata-Oliven kann man entweder ganz weglassen oder durch andere Sorten oder sogar durch Körner ersetzen, besonders im Sommer. Tofu ist reich an Pflanzenprotein, schmeckt mild und ist eine ausgezeichnete Gelegenheitsspeise für jene, die pflanzenbasiertes Essen bevorzugen, das leicht und nahrhaft ist.

KNUSPRIGE TOFU-FAUX-LAFEL

280 g fester frischer Tofu

90 g Kalamata-Oliven

2 EL Koriander, frisch gehackt oder Schnittlauch, in Röllchen geschnitten

2 EL Kichererbsenmehl

½ TL Kurkuma, gemahlen

Schwarzer Pfeffer, frisch gemahlen

Salz

230 ml Öl, zum Braten

SERVIERVORSCHLAG

Geröstetes Gemüse nach Wahl

Vegane Mayonnaise oder Ketchup von guter Qualität

ERGIBT 16–18 FALAFELN

In einer Küchenmaschine mit einer S-Klinge Tofu cremig pürieren und danach in eine Schüssel geben.

Kalamata-Oliven abgießen, trocken tupfen und mit Koriander oder Schnittlauch, Kichererbsenmehl, Kurkuma, Pfeffer und Salz zum Tofu zugeben und mit einem Silikon-Spatel alles gut vermengen.

Zu 16–18 gleich großen Kugeln formen, dabei die Hände befeuchten, damit die Masse nicht daran kleben bleibt. Falafeln im heißen Öl 2–3 Minuten goldbraun frittieren (siehe Tipps Seite 9).

Heiß oder warm mit viel rohem oder gekochtem Gemüse und ein wenig veganer Mayonnaise oder gutem Ketchup servieren.

Diese Falafel-Rezept verwendet Roggenflocken und Hirse – uraltes Getreide, reich an Ballaststoffen und Proteinen. Serviert mit einem Koriander-Feta-Pesto ein perfekter Snack!

KÖRNIGE FALAFEL MIT KORIANDER-FETA-PESTO

250 g getrocknete Kichererbsen

40 g Roggenflocken, plus
3 EL für die Fertigstellung

60 g Hirse, gekocht und
ausgekühlt

2 Schalotten, gehackt

1 grüne Chilischote, fein gehackt

1 Knoblauchzehe, zerdrückt

Je 1 TL Koriander, gemahlen,
Kreuzkümmel, gemahlen und
geräuchertes Paprikapulver

½ TL Zimt, gemahlen

½ TL Chiliflocken

30 g Petersilie und Koriander,
gemischt und grob gehackt

2 EL Roggenmehl

1 TL Natron/Backpulver

230 ml Öl, zum Frittieren

Salz und schwarzer Pfeffer,
frisch gemahlen

Koriander-Feta-Pesto (siehe Seite
108), geröstete rote Paprikaschoten und Limettenspalten,
zum Servieren

ERGIBT 4–6 PORTIONEN

Kichererbsen 12 Stunden in reichlich Wasser einweichen, abgießen, Einweichwasser entfernen, mit frischem Wasser bedecken und weitere 12 Stunden einweichen. Abgießen, gut abspülen und 5 Minuten abtropfen lassen. Die 24 Stunden lange Einweichzeit macht die Falafel leichter verdaulich, und die Mischung wird nicht so trocken. Am besten verwendet man eine Küchenmaschine mit einer S-Klinge, um die Falafel-Mischung zu pürieren, man kann sie jedoch auch in 2 Chargen in einem guten Mixer zerkleinern. Kichererbsen pürieren; die Konsistenz sollte grobem Sand ähneln.

Roggenflocken, Hirse, Schalotten, grüne Chilischote, Knoblauch, Gewürze und Kräuter zugeben und zu einer feinen Paste pürieren. Mehl und Backpulver einarbeiten und nach Geschmack würzen. Mit Frischhaltefolie abdecken und im Kühlschrank 1 Stunde oder länger ruhen lassen.

Zu walnussgroßen Kugeln formen, dabei Hände von Zeit zu Zeit befeuchten, damit die Masse nicht daran kleben bleibt.

Falafeln in heißem Öl 4 Minuten schön braun frittieren (siehe Tipps auf Seite 9). Da wir bei diesem Rezept eingeweichte Kichererbsen verwenden, muss man die Falafeln frittieren, um sie leichter verdaulich zu machen – sie zu backen, würde nicht funktionieren.

Falafeln warm oder bei Raumtemperatur mit etwas Koriander-Feta-Pesto, gerösteten roten Paprikaschoten (wenn gewünscht) und Limettenspalten zum Auspressen servieren.

OFEN-FALAFEL

Diese Kroketten auf Hirsebasis besitzen immer noch den typischen Falafel-Geschmack, mit dem zusätzlichen Barbecue-Kick der Gewürzmischung! Hirse ist ein gesundes Korn, reich an Eisen und anderen Nährstoffen, und wenn sich in meinem Kühlschrank gekochte Reste finden, verwende ich diese oft für diese eleganten Kroketten. Sie kommen immer gut an, sogar bei heiklen Gästen!

BBQ-FALAFEL-KROKETTEN

100 g Hirse

300 ml kochendes Wasser

2 EL Zwiebel, fein gehackt

1 TL Knoblauch, fein gehackt

1 TL Koriander, gemahlen

1½ TL Grillgewürz (mit zusätzlichem Salz)

6 g Petersilie, frisch gehackt

80 g Polenta

Olivenöl, zum Bestreichen

Backblech, mit Backpapier ausgelegt

ERGIBT 10 KROKETTEN

Hirse waschen und gründlich abtropfen lassen, danach in einen Topf geben und mit kochendem Wasser übergießen. Zudecken, Hitze auf Minimum reduzieren und 12–15 Minuten köcheln lassen, bis die Hirse die ganze Flüssigkeit aufgesaugt hat und weich ist. Auf einem Teller ausbreiten und auskühlen lassen. (Man kann auch Reste gekochter Hirse einer vorherigen Mahlzeit verwenden und diesen Schritt auslassen.)

Backofen auf 180 °C vorheizen.

Gekochte Hirse in eine große Schüssel geben und Zwiebel, Knoblauch, Gewürze und Petersilie zugeben. Gut zu einem klebrigen Teig, der ordentlich zusammenhält, verkneten.

10 zylinderförmige Kroketten formen, jede auf allen Seiten mit Öl bestreichen und in Polenta wälzen. Auf das mit Backpapier ausgelegte Blech legen und im vorgeheizten Ofen 15–20 Minuten goldbraun backen. Sie bräunen besonders schön, wenn man am Ende der Backzeit die Grillfunktion des Ofens anstellt. Noch warm servieren.

Diese Rezept wurde in einem jener Momente kreiert, wo man gerne Falafel essen würde, aber nicht alle notwendigen Zutaten zu Hause hat ... Man nimmt alle Reste aus dem Kühlschrank und verlässt sich auf seine Kocherfahrung, um sich durch den Kreativprozess der Entstehung eines neuen Rezeptes leiten zu lassen! Das Ergebnis ist manchmal, wie in diesem Fall, ein sehr schmackhaftes Gericht, das man immer wieder machen sollte!

GROBE OFEN-FALAFEL

½ große Zwiebel (etwa 60 g)

2 Knoblauchzehen

320 g gekochte rote Kidney-bohnen, gut abgetropft

2 EL Sesamkörner, geröstet und gemahlen oder Leinsamen, geschrotet

1 EL dunkles Sesamöl (oder Kürbiskernöl oder Olivenöl)

1 TL Salz

2 EL Kichererbsenmehl

¼ TL Natron/Backpulver

SERVIERVORSCHLAG

Sauce aus geröstetem roten Paprikaschoten & Senf (siehe Seite 110)

Getoastetes Sauerteigbrot

Rucola

Eingelegtes Gemüse nach Wahl

Backblech, mit Backpapier ausgelegt

ERGIBT 18 FALAFELN

Backofen auf 180 °C vorheizen.

In einer Küchenmaschine mit einer S-Klinge Zwiebel und Knoblauch fein hacken. Bohnen mit einer Gabel grob zer-drücken und mit dem gehackten Gemüse und den anderen Zutaten vermengen. Die Mischung sollte einem dicken Keksteig ähneln. Mit einem Messlöffel 18 flache Bällchen formen und auf ein mit Backpapier ausgelegtes Backblech legen.

Im vorgeheizten Ofen 15–20 Minuten backen, bis sie trocken genug sind, um sie vom Blech zu nehmen, ohne dass sie zerfallen.

Diese Falafel sind auf der salzigeren Seite, und ich serviere sie gerne mit frisch gebackenem oder getoastetem Sauerteigbrot mit einer Sauce aus geröstetem roten Paprikaschoten & Senf, Rucola und jeder Art von eingelegtem Gemüse.

Anmerkung: Man kann auch gekochte Kichererbsen statt Kidneybohnen verwenden, wenn man einen eher traditionellen Falafel-Geschmack bevorzugt.

Ofen-Falafel sind etwas trockener als die in Öl frittierten, deshalb serviere ich sie immer mit irgendeiner Sauce. Diese eignen sich perfekt für Vollkornpasta mit Tomatensauce, so wie echte Fleischbällchen!

FALAFEL-„FLEISCHBÄLLCHEN"

320 g gekochte grüne oder braune Linsen, gut abgetropft

50 g Haferflocken

70 g Karotte oder Knollensellerie, fein gerieben (oder Gemüsereste vom Saftpressen)

2 Knoblauchzehen, zerdrückt

1 TL Oregano, getrocknet

½ TL Salz

4 EL Mehl, zum Wälzen

Öl, zum Befetten und Bestreichen

SERVIERVORSCHLAG
Gekochte Vollkorn-Spaghetti

Frische Tomatensauce

Backblech, mit Backpapier ausgelegt

ERGIBT 12 „FLEISCHBÄLLCHEN"

Alle Zutaten in einer Schüssel vermengen (außer Mehl und Öl) und im Kühlschrank mindestens 1 Stunde oder über Nacht ruhen lassen.

Backofen auf 180 °C vorheizen.

Aus der Masse walnussgroße Bällchen formen, leicht abflachen und im Mehl wälzen, dabei überschüssiges Mehl abklopfen.

Das mit Backpapier ausgelegte Blech mit einem Silikonpinsel mit Öl befetten und jede Falafel mit Öl bestreichen, bevor man sie auf das Blech legt.

Im vorgeheizten Ofen 20 Minuten backen; man muss sie nicht wenden. Sie sind gar, sobald sich eine dünne Kruste gebildet hat, und erhalten beim Trocknen einen goldenen Schimmer. Frisch gebacken mit Spaghetti und Tomatensauce servieren; aber sie schmecken auch am nächsten Tag noch gut.

Ein sehr einfaches Rezept mit Vollkorn und Gemüse, das man sogar kleinen Kindern servieren kann – einfach weniger Gewürze verwenden!

SAFTIG BRAUNE REIS-FAUX-LAFEL

420 g brauner Rundkornreis (gekocht, Verhältnis Wasser zu Reis 2:1)

70 g Karotten, sehr fein geraspelt (etwa 1 Karotte)

40 g Knollensellerie, sehr fein geraspelt

80 g Zwiebel, sehr fein gehackt (1 kleine Zwiebel)

4 Knoblauchzehen, zerdrückt

40 g geräucherter Tofu, fein gerieben (optional)

2 EL Petersilie oder Frühlingszwiebeln, frisch gehackt

Salz, Pfeffer, Oregano, Chilipulver und süßes Paprikapulver, nach Geschmack

Olivenöl, zum Befetten und Bestreichen

SERVIERVORSCHLAG
Grünes Blattgemüse

Sauce oder Dip nach Wahl (siehe Seiten 88–103)

Backblech, mit Backpapier ausgelegt

ERGIBT ETWA 24 KLEINE FALAFELN

Für dieses Gericht muss der Reis sorgfältig gekocht werden: Er sollte weder zu breiig, noch zu hart sein. Für ein gutes Ergebnis am besten frisch gekochten Reis verwenden; nimmt man jedoch Reste von gekochtem Reis aus dem Kühlschrank, dann sollte man ihn zuerst auf Raumtemperatur bringen.

Gekochten Reis, geriebenes Gemüse, Knoblauch, Tofu, Petersilie und etwas Salz, Pfeffer, Oregano, Chilipulver und Paprikapulver in eine große Schüssel geben und alle Zutaten mit den Händen zu einer gut verbundenen Masse verkneten. Eventuell mit noch mehr Salz, Pfeffer, Oregano, Chilipulver oder Paprikapulver abschmecken.

Mit feuchten Händen ein kleines Testbällchen zu formen – wenn es in Form bleibt, ist die Mischung bereit (selbst wenn sie noch ein wenig klebrig und weich sein sollte). Masse im Kühlschrank 1 Stunde oder länger ruhen lassen.

Backofen auf 180 °C vorheizen.

Hände befeuchten und etwa 24 kleine Falafeln formen. Das mit Backpapier ausgelegte Blech mit einem Silikonpinsel mit Öl befetten und jede Falafel mit Öl bestreichen, bevor man sie auf das Blech legt.

Im vorgeheizten Ofen 12–16 Minuten goldbraun backen, bis sie eine dünne Kruste haben, aber innen noch saftig sind. Je nach Art des Ofens sollte man sie nach der Hälfte der Backzeit wenden. Sie schmecken köstlich, serviert auf einem Bett von grünem Blattgemüse und einer Sauce oder einem Dip nach Wahl.

Diese Ofen-Falafel haben nur eine zarte Kruste statt der härteren, die beim Frittieren entsteht.

SÜSSKARTOFFEL-FALAFEL

2 mittelgroße Süßkartoffeln (etwa 350 g)

30 g frischer Koriander, Blätter und Stängel

25 g frische glatte Petersilie

2 große Frühlingszwiebeln, grob gehackt

3 Knoblauchzehen, geschält

1 TL Kreuzkümmel, gemahlen

1 TL Koriander, gemahlen

¼ TL Cayennepfeffer

1 TL Backpulver

60 g Kichererbsenmehl

Sesamkörner, zum Bestreuen (optional)

Salz, nach Geschmack

ZUM SERVIEREN

Gurken und Tomaten, gewürfelt

Rotkohl, dünn gehobelt

Glatte Petersilie, grob gehackt

Saft von ½ Zitrone

Schwarzer Pfeffer, frisch gemahlen

Tahini-Cashew-Ranch-Dressing (siehe Seite 114)

Pita-Brote

Backblech, befettet mit einer dünnen Schicht Olivenöl

ERGIBT 14–16 FALAFELN

Backofen auf 220 °C vorheizen.

Süßkartoffeln mit einer Gabel einige Male einstechen und auf das Gitter im vorgeheizten Ofen legen. Je nach Größe 40–60 Minuten rösten, bis sie weich sind. Aus dem Ofen nehmen und auskühlen lassen. Sobald sie kalt sind, schälen und die Haut entfernen.

In der Zwischenzeit Koriander, Petersilie, Frühlingszwiebeln und Knoblauch in einer kleinen Küchenmaschine fein hacken (alternativ mit einem Messer).

In einer großen Schüssel die Süßkartoffeln mit einer Gabel, einem Kartoffelstampfer oder einem Handmixer zerdrücken. Mit Salz würzen, Gewürze, Backpulver und Kichererbsenmehl zugeben und mit einer Gummispatel oder einem Handmixer kräftig umrühren, bis alles gut verbunden ist. Kräuter, Zwiebel und Knoblauch gleichmäßig in die Mischung einarbeiten. Masse 20 Minuten im Kühlschrank ruhen lassen.

Backofen wieder auf 200 °C aufheizen. Mit einem Löffel Portionen aus der Masse ausstechen und kleine Kugeln formen (mit feuchten Händen, um das Kleben zu verhindern). Ich bevorzuge eine Größe zwischen Tischtennis- und Golfbällen. Falafeln auf das vorbereitete Backblech setzen und wenn gewünscht mit Sesamkörnern bestreuen. Im vorgeheizten Ofen 15–20 Minuten goldbraun backen.

Zum Servieren gewürfelte Gurken und Tomaten, Rotkohl und Petersilie in einer Schüssel mit frisch gepresstem Zitronensaft und etwas Salz und Pfeffer mischen. Falafel mit dem Gurken-Kohl-Salat und Tahini-Dressing entweder in einer Schüssel oder in Pita-Brot gepackt servieren.

Das ist ein lustiges Rezept aus natürlichen Vollkorn-Zutaten. Um es glutenfrei zu gestalten, verwendet man glutenfreien Hafer und Quinoaflocken oder glutenfreie Brösel. Man sollte die Nuggets in einem luftdicht verschließbaren Behälter aufbewahren und im Backofen oder der Sandwich-Presse aufwärmen.

KICHERERBSEN-NUGGETS

400 g Kichererbsen aus der Dose, abgegossen und abgespült

40 g Haferflocken

2 EL Leinsamen

1–2 EL Hafermilch

1 TL Zwiebelpulver

½ TL Knoblauchpulver

½ TL getrocknete italienische Kräutermischung

Salz und schwarzer Pfeffer, frisch gemahlen

Pommes frites und Dips nach Wahl, zum Servieren

BRÖSEL
60 g Vollkornbrösel oder Quinoaflocken

125 ml Hafermilch

Backblech, mit Backpapier ausgelegt

ERGIBT 15 NUGGETS

Backofen auf 190 °C vorheizen.

Kichererbsen in eine Küchenmaschine oder einen Mixer geben. Haferflocken, Leinsamen, Hafermilch, Zwiebel- und Knoblauchpulver, getrocknete Kräuter, Salz und Pfeffer zugeben und bei hoher Geschwindigkeit mixen, bis die Kichererbsen fein püriert sind und alles gut verbunden ist. Nicht zu lange mixen.

Für die Kruste Brösel oder Quinoaflocken und Hafermilch in 2 separate kleine Schüsseln geben. Kichererbsenmasse zu 15 gleich großen Nuggets formen. Diese nacheinander einzeln in die Milch tauchen, dann in den Bröseln wälzen, sodass die Nuggets gleichmäßig damit bedeckt sind, und auf das vorbereitete Blech legen.

Im vorgeheizten Ofen 10–15 Minuten backen, bei der Hälfte der Backzeit wenden. Heiß mit Pommes frites und Dips nach Wahl servieren.

Diese Falafel kann man gut aufwärmen; es zahlt sich also aus, eine große Menge davon für mehrere Tage zuzubereiten oder um sie einzufrieren (vor dem Aufwärmen auftauen lassen). Mit braunem Reis oder geschnittenem rohen Gemüse wie Gurken, Kirschtomaten, Karotten oder Sellerie servieren. Sie schmecken auch kalt gut als Sandwich-Füllung mit Mayonnaise und Salatblättern.

KICHERERBSEN-HÄPPCHEN

1 kleine Zwiebel, grob gehackt

1 Karotte, grob gehackt

1 Selleriestange, grob gehackt

1 Knoblauchzehe

2–3 EL natives Olivenöl oder Rapsöl

400 g Kichererbsen aus der Dose, abgegossen und abgespült

2 gehäufte EL Mayonnaise (oder eine vegane Alternative)

2 EL Haferkleie

1 EL Vollkornmehl

Saft von ½ Orange, frisch gepresst

Salz und schwarzer Pfeffer, frisch gemahlen

Griechischer Naturjoghurt, zum Servieren (optional)

Beschichtetes Backblech, leicht befettet

ERGIBT 12–15 HÄPPCHEN

Backofen auf 200 °C vorheizen.

Zwiebel, Karotte, Sellerie und Knoblauch in einer Küchenmaschine fein pürieren.

Öl in einer kleinen beschichteten Pfanne erhitzen. Gemüsemischung ins heiße Öl geben, mit Salz und Pfeffer würzen und 3–5 Minuten unter häufigem Rühren weich braten. Die Mischung sollte nicht zu stark bräunen, sonst schmeckt der Knoblauch bitter. Etwas auskühlen lassen.

In der Zwischenzeit Kichererbsen, Mayonnaise, Haferkleie, Mehl und Orangensaft in derselben Küchenmaschine grob pürieren; es sollte nicht zu cremig sein. Mischung in eine große Schüssel geben. Gemüsemischung zugeben und gut unterrühren. Kosten und eventuell nachwürzen.

Aus der Mischung walnussgroße Bällchen formen und auf das vorbereitete Backblech legen. Im vorgeheizten Ofen 30–40 Minuten backen, bis sie an der Oberfläche goldbraun sind. Heiß, warm oder bei Raumtemperatur mit etwas Joghurt, wenn gewünscht, servieren.

FALAFEL OHNE KOCHEN

Viele Leute lieben Falafel, mögen aber keine frittierten Speisen oder haben Schwie-rigkeiten, eingeweichte Kichererbsen, die üblicherweise in Falafel enthalten sind, zu verdauen. Hier ist ein Rezept für Falafel ohne Kichererbsen , die man nicht kocht, die überraschend leicht zuzubereiten sind und die für viele Stunden satt machen! Man kann alle Körner verwenden, die man gerade zur Hand hat.

MEDITERRANE KÖRNER-FALAFEL

120 g Kürbiskerne

70 g Sonnenblumenkerne

60 g Walnüsse

6 sonnengetrocknete Tomaten-hälften, eingeweicht

50 g frisches Basilikum

50 g frische Petersilie

½ TL Oregano, getrocknet

½ TL getrocknete mediterrane Kräutermischung (Thymian, Bohnenkraut, Majoran, Rosmarin, Basilikum, Fenchel)

2 Knoblauchzehen, zerdrückt

1–2 EL Olivenöl

1 EL Zitronensaft, oder nach Geschmack

Salz

SERVIERVORSCHLAG

Romana-Salatblätter

Tomatenscheiben

Zucchini und Karotten, geraspelt

Frühlingszwiebeln, klein geschnitten

Tahini (siehe Seite 113)

ERGIBT 10-12 BÄLLCHEN

Körner und Walnüsse zu feinem Mehl mahlen (ich verwende dafür eine kleine elektrische Kaffeemühle). Tomaten sehr fein hacken und zusammen mit den restlichen Zutaten unter das Körnermehl mischen. Mit den Händen oder mit einem Silikonspatel gut vermengen. In Frischhaltefolie wickeln und im Kühlschrank 30 Minuten ruhen lassen. (Wenn man es eilig hat, kann man diesen Schritt auch überspringen und sie sofort zubereiten.)

Aus der Mischung etwa walnussgroße Portionen abstechen und zu Kugeln rollen.

Zum Servieren 2–3 Kugeln zusammen mit ein wenig von den Tomaten , Zucchini, Karotten und Frühlingszwiebeln auf ein Blatt Romanasalat legen. Mit etwas Tahini oder der Sauce Ihrer Wahl beträufeln. Wie einen Wrap aufrollen und genießen!

Seit die Glutenfreibewegung sich über den Erdball verbreitet, erlebt Buchweizen wachsende Popularität. Buchweizen hat jedoch mehr zu bieten, als nur glutenfrei zu sein! Da es sich technisch gesehen nicht um Getreide handelt, ist er viel weicher, und ich verwende ihn eingeweicht, um alle möglichen rohen Speisen zuzubereiten, darunter auch Cracker, Fladenbrote, puddingartige Cremen und natürlich diese Köstlichkeit im Stil der Falafel für jene, die rohes Essen bevorzugen.

BUCHWEIZEN-BLUMENKOHL-BÄLLCHEN

80 g Buchweizen, über Nacht eingeweicht, gut abgetropft

120 g Blumenkohlröschen

½ große Zwiebel (etwa 60 g)

4 sonnengetrocknete Tomaten-hälften, in heißem Wasser eingeweicht, oder trocken getupft, wenn in Öl eingelegt)

1 EL Olivenöl

3 EL Schnittlauch oder Petersilie, frisch geschnitten oder gehackt

½ TL getrockneter Thymian

¼–½ TL Salz

SERVIERVORSCHLAG

Gemischter Salat

Super einfache Salsa (siehe Seite 109)

Avocadoscheiben

Dörrapparat ausgelegt mit Tex-Flex-Folie (oder Backblech, ausgelegt mit Backpapier)

ERGIBT 18 BÄLLCHEN

Eingeweichten Buchweizen in einer kleinen Küchenmaschine mit einer S-Klinge zu einer klebrigen Masse mit noch etwas Textur pürieren. Danach in eine Schüssel geben.

Blumenkohl fein reiben und zum Buchweizen geben. Zwiebel und Tomaten hacken und ebenfalls zum Buchweizen geben und alle Zutaten mit einem Spatel gut vermengen.

Eine kleine Menge der Falafelmischung abstechen und mithilfe von 2 Löffeln ovale Bällchen formen und sie in den vorbereiteten Dörrapparat oder auf das mit Backpapier ausgelegte Blech legen.

Bei 60 °C 1 Stunde trocknen, dann auf 45 °C reduzieren und weitertrocknen, bis die Falafel eine Kruste bilden, innen aber noch leicht feucht sind (dauert 4–5 weitere Stunden). (Alternativ kann man den Ofen verwenden: auf die niedrigste Stufe einstellen und Backblech mit den Falafeln einschieben, dabei die Ofentüre mit einem zusammengerollten Geschirrtuch einen Spalt offen halten, um Überhitzung zu vermeiden.)

Mit einem großen Salat, einfacher Salsa, Avocadoscheiben oder nach Wunsch servieren!

Das ist ein gutes Beispiel, wie natürliche Zutaten in Kombination mit den richtigen Gewürzen ein köstliches Gericht ergeben können. Bei niedriger Temperatur zu trocknen, statt zu backen, entwickelt einen erstaunlich aromatischen Geschmack, besonders bei Rezepten mit Pilzen.

PILZE-WALNUSS-FALAFEL

60 g Walnüsse

70 g Shiitake-Pilte (oder andere), frisch gehackt

½ kleine Zucchini (etwa 50 g)

1 Knoblauchzehe

Kleiner Bund Petersilie, nur Blätter

½ kleine Zwiebel (etwa 40 g)

2 EL Leinsamen, geschrotet oder Sesamkörner, geröstet und gemahlen

1 EL Tamari-Sojasauce

1 EL natives Olivenöl

⅛ TL Salz

¼ TL Ingwerpulver

1 TL Zitronensaft, frisch gepresst

SERVIERVORSCHLAG

Soja-Joghurt, natur

In Spiralen geschnittenes, rohes Gemüse

Zitronen-Dressing

Dörrapparat ausgelegt mit Tex-Flex-Folie (oder Backblech, ausgelegt mit Backpapier)

ERGIBT 14 FALAFELN

Zuerst Walnüsse, dann Pilze, danach restliches Gemüse (Zucchini, Knoblauch, Petersilie und Zwiebel) separat in einer Küchenmaschine mit einer S-Klinge pürieren.

Alles in einer Schüssel vermengen, dann geschrotete Leinsamen oder Sesamkörner, Sojasauce, Öl, Salz, Ingwer und Zitronensaft zugeben und alles zu einer feuchten Paste vermengen.

Mit einem Messlöffel walnussgroße Stücke aus der Masse stechen und die Falafel in den vorbereiteten Dörrapparat oder das Blech legen.

Bei 60 °C 1 Stunde trocknen, dann auf 45°C reduzieren und weitertrocknen, bis die Falafel eine Kruste bilden, innen aber noch leicht feucht sind (dauert 4–5 weitere Stunden). (Alternativ kann man den Ofen verwenden: auf die niedrigste Stufe einstellen und Backblech mit den Falafeln einschieben, dabei die Ofentüre mit einem zusammengerollten Geschirrtuch einen Spalt offen halten, um Überhitzung zu vermeiden.)

Da diese Falafel einen starken Geschmack haben, esse ich sie am liebsten mit gekühltem Soja-Joghurt und einer großen Portion in Spiralen geschnittenem Gemüse mit leichtem Zitronen-Dressing. Ein perfektes, leichtes Mittagessen, das Sie satt machen wird, ohne Sie zu belasten!

Ein anderes Rezept mit Nüssen als Hauptzutat im Stil von Falafeln, die man im Dörrapparat oder im Ofen trocknen kann! Sie können die Cashewkerne durch eingeweichte Sonnenblumenkerne oder Walnüsse ersetzen, sollten aber das süße Paprikapulver oder die frischen roten Paprika nicht weglassen – beides sorgt bei diesen Falafeln für den typischen Geschmack und die Farbe. Sie lassen sich gut im Kühlschrank aufbewahren und eignen sich auch gut für eine Lunchbox.

PAPRIKA-CASHEW-FALAFEL

220 g Cashewkerne

¼ TL Salz, zum Einweichen

70 g rote Paprikaschote, gehackt

40 g Zwiebeln, gehackt

3 EL Petersilie, frisch gehackt

3 TL süßes Paprikapulver

½ TL Salz

2 EL natives Kokosfett, geschmolzen

SERVIERVORSCHLAG

Sommersalat mit Baby-Spinat, gehackten Zwiebeln und Radieschen

Tahini (siehe Seite 113)

Mehr Körner, zum Bestreuen

Dörrapparat ausgelegt mit Tex-Flex-Folie (oder Backblech, ausgelegt mit Backpapier)

ERGIBT 18-20 FALAFELN

Cashewkerne in eine Schüssel geben, mit Wasser bedecken, ¼ TL Salz zugeben und 8 Stunden oder über Nacht einweichen lassen. Einweichwasser abgießen und gut abtropfen lassen.

Cashewkerne in einem Hochgeschwindigkeitsmixer zusammen mit den anderen Zutaten fein pürieren.

Mit einem Messlöffel walnussgroße Stücke aus der Masse stechen und die Falafeln in den vorbereiteten Dörrapparat oder das Blech legen.

Bei 60 °C 1 Stunde trocknen, dann auf 45°C reduzieren und weitertrocknen, bis die Falafel eine Kruste bilden, innen aber noch leicht feucht sind (dauert 4–5 weitere Stunden). (Alternativ kann man den Ofen verwenden: auf die niedrigste Stufe einstellen und Backblech mit den Falafeln einschieben, dabei die Ofentüre mit einem zusammengerollten Geschirrtuch einen Spalt offen halten, um Überhitzung zu vermeiden.)

Mit Sommersalat, Tahini und einigen zusätzlichen Körnern servieren.

*Diese häppchengroßen Falafel eignen sich perfekt für eine Lunch-
box und passen gut zu allen Dips oder Saucen dieses Buches. Für
ein nahrhaftes Mittagessen packen Sie in die Lunchbox viel frischen
Salat und toppen Sie diesen mit den körnigen Falafeln.*

ROSA SONNENBLUMENKERN-FALAFEL

140 g Sonnenblumenkerne
(roh oder leicht gekeimt)

2 kleine Karotten (etwa 60 g)

½ rohe rote Rübe (etwa
80 g)

35 g Leinsamen, geschrotet

Abrieb von 1 Orange

1 EL Orangensaft, frisch gepresst

2 EL Schnittlauch, in Röllchen
geschnitten

¼ TL Kurkuma, gemahlen

¼ TL Koriander, gemahlen

2 EL Tahini (oder Sesamkörner,
geröstet und gemahlen)

1 EL Olivenöl (wenn gemahlene
Sesamkörner statt Tahini
verwendet werden)

1 TL Umeboshi-Essig (optional)

Salz

1 EL rohe Sesamkörner, zum
Bestreuen

Dörrapparat ausgelegt mit
Tex-Flex-Folie (oder Backblech,
ausgelegt mit Backpapier)

ERGIBT 16 KLEINE FALAFELN

Sonnenblumenkerne, dann Karotten und rote Rüben separat in
einer Küchenmaschine mit einer S-Klinge pürieren (Sonnenblumenkerne sollten noch eine leicht grobe Konsistenz aufweisen).
Alles in einer Schüssel gut vermengen, dann Leinsamen,
abgeriebene Orangenschale und Orangensaft, Schnittlauch,
Gewürze, Tahini/gemahlenen Sesam und Öl (wenn verwendet)
zugeben und alle Zutaten (außer den rohen Sesamkörnern zum
Bestreuen) zu einer kompakten Paste verarbeiten.

Mit feuchten Händen 16 kleine Kugeln formen und leicht
abflachen. Jede Falafel mit rohen Sesamkörnern bestreuen und
in den vorbereiteten Dörrapparat oder auf ein Backblech legen.

Bei 60 °C 1 Stunde trocknen, dann auf 45°C reduzieren
und weitertrocknen, bis die Falafel eine Kruste bilden, innen
aber noch leicht feucht sind (dauert 4–5 weitere Stunden).
(Alternativ kann man den Ofen verwenden: auf die niedrigste
Stufe einstellen und Backblech mit den Falafeln einschieben,
dabei die Ofentüre mit einem zusammengerollten Geschirrtuch
einen Spalt offen halten, um Überhitzung zu vermeiden.)

Hier sind unfrittierte Falafel ohne Kichererbsen, die überraschend leicht zuzubereiten sind. Sie eignen sich auch gut für die Lunchbox, und die Mischung hält sich im Kühlschrank tagelang frisch. Diese grünen Bällchen passen zu fast allem – Salaten, gekochtem Gemüse, zu Suppen oder als Appetizer. Es ist eine gute Methode, mehr Körner in den Ernährungsplan einzubauen!

KÖRNER-FALAFEL

130 g Kürbiskerne

130 g Sonnenblumenkerne

50 g Walnüsse

5 EL glatte Petersilie, gehackt

5 getrocknete Tomatenhälften, eingeweicht

2 Knoblauchzehen, zerdrückt

3 EL Olivenöl

Saft von ½ Zitrone

1 TL Oregano, getrocknet

1 EL Wasser, wenn nötig

Salz und schwarzer Pfeffer, frisch gemahlen

ERGIBT 24 FALAFELN

Körner in einer Küchenmaschine zu feinem Mehl zerreiben, jedoch nicht zu lange, sonst wird daraus Körner-Butter.

Walnüsse fein hacken, das verleiht den Falafeln eine angenehm knackige Textur. Nüsse zusammen mit den übrigen Zutaten (außer dem Wasser) zum Körnermehl geben und mit den Händen oder mit einem Silikonspatel gut vermengen. Kosten und eventuell nachwürzen – es sollte stark und voller Aromen schmecken. Versuchen, Mischung mit der Hand zu drücken, wenn sie nicht zerfällt, ist sie feucht genug. Fühlt sie sich trocken an und zerbröselt sofort, Wasser zugeben und nochmals vermengen.

Aus der Mischung walnussgroße Falafeln formen und entweder sofort servieren oder sie vor dem Servieren kalt stellen. Ich finde es immer eine gute Idee, diese Falafeln im Kühlschrank auf Lager zu haben!

MAHLZEITEN & MEHR

Mit diesem schnellen und leichten Gericht können Sie die Falafel-Aromen genießen, ohne frittieren oder Bällchen rollen zu müssen.

SCHNELLER FALAFEL-SALAT

KICHERERBSEN

2 EL Tamari-Sojasauce

¼ TL Chilipulver

¼ TL Kurkuma, gemahlen

¼ TL Ingwerpulver

½ TL Koriander, gemahlen

¼ TL Kreuzkümmel, gemahlen

1 EL Olivenöl

160 g gekochte Kichererbsen, gut abgetropft

SALAT

20 g Rucola

1 Kopfsalat (etwa 160 g)

6 rote Salatblätter

2 reife Tomaten (etwa 340 g)

1 kleiner Bund frisches Basilikum

1 Portion mediterrane Körner-Falafel-Mischung (nicht zu Falafeln formen, siehe Seite 50)

2 EL Olivenöl

2 EL roter Weinessig

Tzatziki (siehe Seite 88)

4 Pita-Taschen, in Wedges geschnitten, getoastet, zum Servieren

Backblech, mit Backpapier ausgelegt

2–4 PORTIONEN

Backofen auf 180 °C vorheizen.

Alle Zutaten außer den Kichererbsen für die Marinade vermengen und diese über die Kichererbsen gießen und gut vermengen, um alle damit zu überziehen.

Überzogene Kichererbsen auf einem mit Backpapier ausgelegten Blech verteilen und backen, bis sie die ganze Marinade aufgesogen haben und leicht gebräunt sind. Alternativ kann man das auch in einer Pfanne machen: Pfanne erhitzen, Kichererbsen zugeben, mit Marinade übergießen und bei starker Hitze mit zwei Holzlöffeln schnell verrühren, bis sie duften und gut geröstet sind.

Salatblätter gut waschen und abtropfen lassen, dabei große Blätter in kleine Stücke reißen. Tomaten in Spalten und Basilikum klein schneiden. Das Gemüse in einer flachen Schüssel arrangieren, mit der mediterranen Falafelmischung bestreuen, die gebackenen Kichererbsen zugeben und mit Olivenöl und Essig beträufeln. Alles gut vermengen.

Auf Teller verteilen und mit Tzatziki separat in 2–4 kleinen Schüsseln servieren, sodass jeder es selbst kurz vor dem Verzehr über den Falafel-Salat geben kann.

Für diese saftigen Falafel-Burger braucht man unbedingt eine gusseiserne Pfanne zum Braten – so brauchen sie sehr wenig Öl und kleben trotzdem nicht am Pfannenboden und erhalten dadurch den köstlichen Grillgeschmack.

FRITTIERTE FALAFEL-BURGER

260 g gekochte Kichererbsen, gut abgetropft

130 g Rote Bete, sehr fein geraspelt

130 g vorher eingeweichtes Couscous (120 ml kochendes Wasser über 65 g Couscous gießen, etwas Salz zugeben, zudecken und 10 Minuten ruhen lassen)

70 g Brösel

2 EL Tahini

3 EL Zwiebel, fein gehackt

2 Knoblauchzehen, zerdrückt

¾ TL Salz

½ TL getrockneter Thymian

½ TL getrockneter Oregano

Schwarzer Pfeffer, frisch gemahlen

Sonnenblumenöl oder Kokosfett, zum Frittieren

SERVIERVORSCHLAG

6 Vollkorn-Burgerbrötchen

Sauce aus geröstetem roten Paprikapulver & Senf (siehe Seite 110)

Salatblätter

Tofu-Mayonnaise (siehe Seite 106)

Frische Zwiebeln, in Scheiben

Pickles und Holzspieße

Super einfache Salsa (siehe Seite 109)

Kichererbsen in einer Küchenmaschine mit S-Klinge pürieren und in einer Schüssel geben. Alle Zutaten außer dem Frittieröl zugeben und mit den Händen die Mischung gründlich kneten, sodass alles gut verbunden ist. 20 Minuten oder länger kalt stellen.

Aus der Mischung 6 Bällchen formen. Ich nehme meist einen großen Keksausstecher oder einen amerikanischen Messbecher (½ Cup) für einen Burger, den ich innen leicht mit Öl bestreiche, damit die Masse nicht anhaftet. Messbecher mit der Masse füllen und kopfüber auf ein Backblech stürzen. Durch leichtes Klopfen zu einem schönen Bällchen formen.

Eine gusseiserne Pfanne bei mittlerer Hitze erwärmen. 1 EL Öl eingießen und 2–3 Bällchen (mehr, wenn die Pfanne größer ist) einlegen. Etwa 5 Minuten auf jeder Seite braten, nach dem Wenden etwas Öl zugießen. Braten, bis die Bällchen gar und leicht angekohlt sind und eine dünne Kruste haben.

Das ist mein Serviervorschlag für ein echtes Burger-Erlebnis: Solange die Pfanne noch heiß ist, die Schnittflächen eines Vollkorn-Burgerbrötchens anrösten, den unteren Teil mit Sauce aus roter Paprika und Senf bestreichen, mit Salatblättern bedecken und ein Bällchen darauflegen. Darauf Tofu-Mayonnaise verteilen, mit frisch geschnittenen Zwiebelscheiben belegen und mit der oberen Brötchenhälfte zudecken. Einen hölzernen Barbecue-Spieß durchstecken und ein paar Pickles dazulegen. Mit super einfacher Salsa servieren!

ERGIBT 6 GROSSE BURGER

Man kann dem geschmolzenen Käse in diesem tröstlichen Eintopfgericht schwer widerstehen! Das ist etwas Anderes, das jeder genießen wird.

FALAFEL-SCHMORTOPF

230 ml Tomatensauce (siehe unten)

7–9 übrig gebliebene Falafel (Rezept nach Wahl aus diesem Buch)

50 g heller veganer Käse nach Art von Cheddar, der gut schmilzt, gerieben

Olivenöl, zum Beträufeln

Blanchierter Brokkoli oder anderes grünes Gemüse, zum Servieren

Sauerteigbrot-Toasts oder cremiges Kartoffelpüree, zum Servieren

TOMATENSAUCE

(Ergibt etwa 375 ml Sauce)

3 EL natives Olivenöl

1 große Zwiebel (etwa 120 g), fein gehackt

1 TL Gemüsesuppenpulver oder ½ Suppenwürfel (optional)

1 TL getrockneter Oregano oder Basilikum

1 EL Reis- oder Ahornsirup

1 EL Tamari-Sojasauce

230 ml passierte Tomaten

2 Knoblauchzehen, zerdrückt

2 EL Petersilie oder Schnittlauch, frisch geschnitten

Salz und Schwarzer Pfeffer, frisch gemahlen

Großer Bräter

ERGIBT 2-3 PORTIONEN

Man beginnt mit der Tomatensauce. Olivenöl in einem Topf bei mittlerer Hitze erwärmen und die Zwiebel anschwitzen, bis sie durchsichtig sind. Suppenpulver oder -würfel, Kräuter, Sirup und Tamari zugeben und etwa 2 Minuten rühren, bis die Zwiebel die Gewürze aufgenommen hat.

Passierte Tomaten zugeben und aufkochen lassen, dann Hitze reduzieren und ohne Deckel etwa 10 Minuten köcheln lassen, bis die Sauce eindickt. Am Ende der Kochzeit Knoblauch, Petersilie oder Schnittlauch und eine zusätzlichen Spritzer Olivenöl zugeben und nach Geschmack würzen. Diese Sauce kann man einige Tage im Voraus zubereiten und im Kühlschrank aufbewahren.

Für das Schmorgericht Backofen auf 180 °C vorheizen.

Etwas Olivenöl auf den Boden des Bräters geben, Tomatensauce eingießen, eine Schicht Falafel darüberlegen und mit dem geriebene veganen Käse bedecken. 10–15 Minuten backen, bis die Tomatensauce zu blubbern beginnt und der Käse geschmolzen ist. Mit blanchiertem Brokkoli oder anderem grünen Gemüse und getoastetem Sauerteigbrot oder cremigem Kartoffelpüree servieren.

Kichererbsen-Bällchen sorgen für eine angenehme Konsistenz und verwandeln ein leichtes Gemüse-Curry in eine herzhaftere und sättigendere Mahlzeit.

FALAFEL-KOKOS-CURRY

2 EL natives Kokosfett

1 große Zwiebel (etwa 120 g), fein gehackt

1 Karotte (etwa 70 g), in mundgerechte Stücke geschnitten

1 Selleriestange (etwa 70 g), gehackt

2 cm frischer Ingwer, geschält und fein gehackt

2 Knoblauchzehen, gehackt

1½ EL mildes Currypulver

2 TL Ingwerpulver

2 TL Kurkuma, gemahlen

2 TL Garam masala

¼ TL Chilipulver

2 EL Tamari-Sojasauce

500 ml Kokosmilch (hausgemacht oder aus dem Karton, keine vollfette Milch aus der Dose)

½ TL Salz

Reste von traditionellen Kichererbsen-Falafeln (siehe Seite 14) oder Rote-Linsen-Falafeln (siehe Seite 18)

1 EL Maismehl/Maisstärke, in etwas kaltem Wasser aufgelöst

Frühlingszwiebeln oder Koriander, gehackt, zum Garnieren

Basmatireis, Chapatis oder getoastete Pita-Brote, zum Servieren

Kokosfett in einer Pfanne erhitzen und Zwiebeln, Karotte und Sellerie mit einer Prise Salz anschwitzen, bis es zu duften beginnt. Ingwer, Knoblauch und trockene Gewürze zugeben, verrühren und 1 weitere Minute dünsten. Sojasauce zugeben und umrühren. Genug Kokosmilch zugießen, um das Gemüse zu bedecken, das Ganze zum Kochen bringen, danach Salz zugeben, die Hitze reduzieren und köcheln lassen, bis das Gemüse weich ist. Wenn nötig mehr Kokosmilch nachgießen.

Am Ende der Kochzeit die Reste der Falafeln und die aufgelöste Stärke (wenn nötig) zugeben und das Curry ein letztes Mal aufkochen lassen. Eventuell nachwürzen. Mit gehackten Frühlingszwiebeln oder Koriander dekorieren und mit Basmatireis, Chapati oder getoasteten Pita-Broten servieren.

ERGIBT 4 PORTIONEN

Bohnen- und Gemüselaibchen stellen immer zufrieden, aber die Zugabe von Tahini zur Mischung machen sie noch geschmackvoller und nährstoffreicher. Couscous kann man mit Resten von braunem Reis oder anderem Getreide ersetzen.

BOHNEN-TAHINI-BURGER

120 ml kochendes Wasser

100 g Couscous, ungekocht oder 130 g gekocht

260 g gekochte Wachtelbohnen, gut abgetropft

130 g Knollensellerie, sehr fein geraspelt

70 g Brösel guter Qualität

4 EL Tahini

3 EL Zwiebel, fein gehackt

2 Knoblauchzehen, zerdrückt

¾ TL Salz

½ TL getrocknetes Pizzagewürz

Schwarzer Pfeffer, frisch gemahlen

Sonnenblumenöl oder Kokosfett (geschmolzen), zum Frittieren

ZUM SERVIEREN

6 Sesam-Burgerbrötchen, Tahini (siehe Seite 113), Salat, Tomatenscheiben, Coleslaw, Zwiebelscheiben

ERGIBT 6 GROSSE BURGER

Kochendes Wasser über das ungekochte Couscous gießen, etwas Salz zugeben, zudecken und 10 Minuten quellen lassen oder im Voraus gekochtes Couscous verwenden.

Bohnen in einer Küchenmaschine mit S-Klinge pürieren. In eine Schüssel geben und die restlichen Zutaten und das Couscous zugeben. Die Mischung mit den Händen gründlich kneten – alles sollte gut verbunden sein. Etwa 20 Minuten oder länger im Kühlschrank ruhen lassen. 6 Laibchen formen. Ich nehme meist einen großen Keksausstecher oder einen amerikanischen Messbecher (½ Cup) für einen Burger. Messbecher mit der Masse füllen und kopfüber auf ein Backblech stürzen.

Eine gusseiserne Pfanne bei mittlerer Hitze erwärmen. 1 EL Öl eingießen und 2–3 Laibchen (mehr, wenn die Pfanne größer ist) einlegen. Etwa 5 Minuten auf jeder Seite braten, nach dem Wenden etwas Öl zugießen. Braten, bis die Laibchen gar und leicht angekohlt sind und eine dünne Kruste haben.

Die Sesam-Brötchen halbieren und toasten. Den unteren Teil mit Tahini bestreichen, mit Salat und Tomatenscheiben belegen und darüber einige EL Coleslaw geben. Ein Laibchen darauflegen, mit Zwiebelscheiben abschließen und mit etwas Tahini beträufeln. Mit der oberen Hälfte des getoasteten Brötchens zudecken und los geht's!

Dieses Rezept verwendet Harissa mit Rosenblättern, aber wenn das nicht zu bekommen ist, ersetzt man es einfach mit normaler Harissa-Paste.

MAROKKANISCHE KICHERERBSENSUPPE & HARISSA-TASCHEN

3 Schalotten, fein gehackt

15 g/1 EL Butter

1 EL Olivenöl

1 Knoblauchzehe, in dünne Scheiben geschnitten

1 TL Schwarzkümmelsamen

1 TL Zimt, gemahlen

Saft von 2 Zitronen, frisch gepresst

1 TL Rosen-Harissa

800 g Kichererbsen aus der Dose, abgegossen und abgespült

80 g weiche getrocknete Aprikosen

1 l Gemüsebrühe

Schwarzer Pfeffer, frisch gemahlen

Fenchelgrün, zum Garnieren

FALAFEL-TASCHEN

1 TL Rosen-Harissa

200 g griechischer Joghurt (oder vegane Alternative)

4 Vollkorn-Pita-Taschen

12 Falafel (ein Rezept dieses Buches nach Wahl)

Einige Handvoll gemischter grüner Blattsalat

Salz und schwarzer Pfeffer, frisch gemahlen

ERGIBT 4 PORTIONEN

Für die Suppe Schalotten in Butter und Olivenöl anschwitzen, bis sie weich und durchscheinend sind. Knoblauch zugeben und goldbraun braten. Schwarzkümmelsamen und Zimt zugeben und die Gewürze 1 Minute erwärmen, dabei ständig umrühren. Zitronensaft, Harissa, Kichererbsen, Aprikosen und Brühe in den Topf geben und etwa 20 Minuten köcheln lassen. Suppe in einen Mixer oder eine Küchenmaschine geben und fein pürieren. In den Topf zurückgießen und warm halten.

Für das Harissa-Joghurt-Dressing Harissa ins Joghurt rühren, mit Salz und Pfeffer nach Geschmack würzen, zudecken und im Kühlschrank bis zum Servieren aufbewahren.

Pita-Brote im Ofen mit der Grillfunktion erwärmen und dann aufschneiden. Jedes Brot mit Salatblättern und Falafeln füllen und mit dem Harissa-Joghurt-Dressing beträufeln.

Suppe in Schüsseln gießen und mit dem gehackten Fenchelgrün und frisch gemahlenem schwarzem Pfeffer bestreuen. Sofort mit den Falafeltaschen als Beilage servieren.

Ein orientalisches Gericht voller Gewürze.

QUINOA-TABBOULEH MIT SPINAT-FALAFEL

300 g getrocknete Kichererbsen, über Nacht in kaltem Wasser eingeweicht

Salz und schwarzer Pfeffer, frisch gemahlen

Basis-Hummus (siehe Seite 91), zum Servieren

TABBOULEH

170 g Quinoa

500 ml Gemüsebrühe

1 kleine rote Zwiebel

100 g Baby-Pflaumentomaten

1 rote Paprikaschote

Eine Handvoll glatte Petersilie

Saft von 1 Limette, frisch gepresst

SPINAT FALAFEL

75 g Spinat

7 EL Olivenöl

125 g Kichererbsenmehl

½ TL rote Chilischote, gehackt

ERGIBT 4 PORTIONEN

Für das Tabbouleh Quinoa abspülen, dann mit der Brühe in einen Topf geben. Zum Kochen bringen und 20 Minuten köcheln lassen, Herd ausschalten und mit einer Gabel die verbleibende Brühe verteilen – die Quinoa wird sie während des Auskühlens aufsaugen.

Einweichwasser der Kichererbsen abgießen und diese abspülen. In einen Topf geben und mit Wasser bedecken. Zum Kochen bringen und mindestens 30 Minuten kochen, bis sie weich sind. Abgießen und zum Auskühlen mit kaltem Wasser abspülen.

Für das Tabbouleh Zwiebel, Tomaten, Pfeffer und Petersilie hacken, in die Schüssel mit Quinoa geben und unterrühren. Mit Limettensaft übergießen und nach Geschmack würzen. Zudecken und während der Zubereitung der Falafel kalt stellen.

Für die Falafel Spinat grob hacken und in eine große Schüssel geben. Restliche Kichererbsen, 5 EL Olivenöl, Kichererbsenmehl, Chili und 2 EL Wasser zugeben und mit einem Handmixer verrühren. Nach Geschmack würzen. 8 kleine Bällchen formen, etwa 8 cm im Durchmesser und 2 cm dick.

Die restlichen 2 EL Olivenöl in ein einer großen Pfanne erhitzen. Falafel ins heiße Öl legen (eventuell portionsweise). bei mittlerer Hitze 5–7 Minuten auf jeder Seite braten, bis sie ordentliche gebräunt und vollständig gar sind.

Mit Tabbouleh, Hummus, Limettenspalten und extra Olivenöl zum Beträufeln servieren.

Diese Mini-Mezze für ein Mittagessen enthalten einerseits viele verschiedene marokkanisch-inspirierter Aromen, andrerseits viel Obst und Gemüse. Heutzutage gibt es zahllose Arten von vorgefertigten Falafel, aber wenn Sie Zeit haben, machen Sie Ihre eigenen.

MAROKKANISCHE MEZZE-BOX

250 g Falafel (Rezept aus diesem Buch nach Wahl)

½ rote Zwiebel

1 kleine grüne Paprikaschote, entkernt

1 Salatgurke, entkernt

2 Tomaten

3 Pita-Brote

3 EL natives Olivenöl

2 EL Zitronensaft, frisch gepresst

1 große Karotte, geschält

1 kleine Knoblauchzehe, zerdrückt

1 kleine Handvoll Granatapfelkerne

60 g Naturjoghurt (oder vegane Alternative)

1 TL Tahini

2 EL Dukkah aus dem Laden, (Mischung aus Kräutern, Nüssen und Gewürzen)

ERGIBT 2 PORTIONEN

Falafel nach dem Rezept der Wahl zubereiten und auskühlen lassen.

Zwiebel, rote Paprikaschote, Gurke und Tomaten fein würfeln. Ein Pita-Brot sehr knusprig toasten, auskühlen lassen und in kleine Stücke zerbröseln. Pita-Brösel, gewürfeltes Gemüse, 1 EL Öl und 1 EL Zitronensaft gut vermengen.

Karotte fein raspeln und in die Schüssel geben. Knoblauch, Granatapfelkerne, restliches Öl, Zitronensaft und etwas Salz und Pfeffer zugeben.

Joghurt und Tahini in eine Schüssel geben, nach Geschmack würzen und gut verrühren.

Die verschiedenen Elemente auf zwei Lunch-Boxen verteilen, sodass jede Salat und die restlichen Pita-Brote enthält. Tahini, Joghurt-Mischung und Dukkah wenn möglich in separate Behälter geben. Verschließen und im Kühlschrank bis zum Gebrauch kalt stellen.

Mezze sind die klassische orientalische Art, Falafel zu genießen – als Teil eines Festmahls mit vielen anderen kleinen Speisen, die man teilen kann. Geben Sie einfach Hummus, Feta und ähnliche passende Beilagen nach Wahl dazu.

KÜRBISKERN-FALAFEL-MEZZE

FÜR DIE BRAUNE-REIS-TABBOULEH

340 g Tomaten, gewürfelt

¼ TL Salz

2 EL Salz-Kapern

320 g brauner Rundkornreis, gekocht

40 g glatte Petersilie, fein gehackt

20 g Basilikum oder Minze, fein gehackt

1½ EL Olivenöl

2 EL Zwiebeln, fein gehackt

2 EL Sesamkörner, geröstet

1 EL Apfelessig

Schwarzer Pfeffer, frisch gemahlen

FÜR DIE KÜRBISKERN-FALAFEL

(Ergibt 12 Falafeln)

240 g Kürbiskerne

6 sonnengetrocknete Tomatenhälften, eingeweicht

20 g Basilikum, fein gehackt

20 g glatte Petersilie, fein gehackt

½ TL Oregano, getrocknet

2 Knoblauchzehen, zerdrückt

1 EL Olivenöl

1 EL Zitronensaft, oder nach Geschmack

¼ TL Salz, oder nach Geschmack

Andere Mezze-Zutaten nach Wahl, zum Servieren

ERGIBT 4 PORTIONEN

Zuerst Tabbouleh aus braunem Reis zubereiten. Gewürfelte Tomaten in ein Abtropfsieb legen, Salz zugeben, gut vermengen und 15 Minuten ruhen lassen. Austretende Flüssigkeit abgießen. Kapern waschen, abgießen und hacken. Alle Zutaten gut vermengen. Vor dem Servieren 1 Stunde oder über Nacht ruhen lassen.

Für die Kürbiskern-Falafel Kürbiskerne in einer kleinen elektrischen Gewürzmühle oder Mixer fein zerreiben. Sonnengetrocknete Tomaten abgießen, sehr fein hacken und mit den restlichen Zutaten zum Körnermehl geben. Alles mit den Händen oder einem Silikonspatel gut vermengen. In Frischhaltefolie wickeln und 30 Minuten kalt stellen. Etwa walnussgroße Portionen aus der Masse stechen und zu Kugeln rollen.

Zum Servieren alle ausgewählten Mezze mit Falafeln und Tabbouleh auf einer großen Servierplatte arrangieren.

Diese von der Levante inspirierte Platte voller Aromen aus dem Nahen Osten und dem östlichen Mittelmeer erinnert an Länder der Antike. Mit Minztee genießen!

FALAFEL-PLATTE ZUM NASCHEN

1 Orientalisches Fladenbrot (Ramazan pidesi) oder 4 Pita-Brote, getoastet und in Streifen geschnitten

1 rote Zwiebel, in dünne Spalten geschnitten

1 EL Meersalz

2 Baby-Gurken, längs halbiert

100 g gemischte Oliven

3 Feigen, halbiert (oder geviertelt, wenn sie groß sind)

1 Granatapfel, halb entkernt, halb im Ganzen

100 g Pistazien (in der Schale)

8 Medjool-Datteln

FALAFEL

180 g getrocknete Kichererbsen

1 kleiner Bund Koriander

1 kleiner Bund glatte Petersilie

1 Schalotte, gehackt

1 Knoblauchzehe, gehackt

1 EL Koriandersamen

1 TL Koriander, gemahlen

1 TL Kreuzkümmelsamen

1 TL Kreuzkümmel, gemahlen

1 TL Salz

1 TL Backpulver

50 g Sesamkörner

Pflanzenöl, zum Frittieren

KAFFEE-DUKKAH-GEWÜRZMISCHUNG

1 TL Fenchelsamen

1 TL Koriandersamen

1 EL Mandeln, geschält

1 TL Sesamkörner

1 TL Kreuzkümmelsamen

1 TL Schwarzkümmelsamen

6 schwarze Pfefferkörner

1 Prise Meersalzflocken

½ TL Kaffee, fein gemahlen

TAHINI-JOGHURT

150 g griechischer Joghurt (oder vegane Alternative)

1 EL Zitronensaft, frisch gepresst

1 Prise Salz

1 kleine Knoblauchzehe, zerdrückt

1 EL Tahini

1 Prise Kreuzkümmel, gemahlen

Glatte Petersilie, frisch gehackt

GEGRILLTE AUBERGINENSCHEIBEN

4 Baby-Auberginen, längs halbiert (oder in 1 cm dicke Scheiben geschnitten, wenn sie groß sind)

TABBOULEH

50 g Bulgur

1 TL Tomatenmark

½ Würfel Gemüsebrühe

60 ml/4 EL kochendes Wasser

Einige Zweige glatte Petersilie, Koriander und Minze

1 Frühlingszwiebel, dünn geschnitten

1–2 EL Granatapfelkerne

Salz und schwarzer Pfeffer, frisch gemahlen

Eine große runde Servierplatte oder ein Brett

ERGIBT 4–6 PORTIONEN

FALAFEL

Kichererbsen über Nacht (oder idealerweise 24 Stunden) in viel Wasser einweichen, dann abgießen.

Kichererbsen mit allen Zutaten, außer Sesamkörnern und Öl, in einer Küchenmaschine zu einer feinen Paste pürieren. Aus der Masse 1 gehäuften EL entnehmen und zwischen den Handflächen zu einer festen Kugel in der Größe eines Tischtennisballs rollen und in den Sesamkörnern wälzen. Wenn die Falafel nicht gut zusammenhält, Masse 1 Stunde kalt stellen, andernfalls fortsetzen.

Einen tiefen Bräter mit schwerem Boden mindestens 5 cm hoch mit Pflanzenöl befüllen. Öl erhitzen, bis ein Stück Falafelmischung im Öl sofort zu zischen beginnt, aber nicht verbrennt. Falafel einige Minuten lang frittieren, bis sie knusprig und tief goldbraun sind, dann mit einem Schaumlöffel herausnehmen und auf Küchenpapier abtropfen lassen.

Anmerkung: Man kann schummeln und Kichererbsen aus der Dose verwenden. Dann muss man aber 40 g Mehl je 400 g Dose zugeben, damit die Falafel nicht zerfallen. Sie schmecken zwar nicht so gut wie die Originale, aber für einen Falafel-Notfall werden sie ausreichen!

KAFFEE-DUKKAH-GEWÜRZMISCHUNG

Alles außer Kaffee und Salz in einer trocknen Pfanne mit schwerem Boden einige Minuten rösten, bis es zu duften beginnt. Mischung sofort in einem Mörser oder eine Gewürzmühle geben und mit dem Salz grob zerreiben (die Mandeln werden viel eher zu Pulver werden als die Gewürze). In den Kaffee rühren und in einem luftdicht verschließbaren Behälter aufbewahren.

TAHINI-JOGHURT

Alle Zutaten vermengen; wenn es zu dick wird (aber es sollte ziemlich dick sein), einen Spritzer Wasser zugeben. In eine Schüssel geben und beiseitestellen.

GEGRILLTE AUBERGINEN

Eine Grillpfanne stark erhitzen, bis es raucht, und die Auberginen mit der Schnittfläche nach unten 2 Minuten braten, bis sie sich ohne anzukleben aus der Pfanne nehmen lassen und Grillstreifen aufweisen. Auf der anderen Seite ebenfalls 1 Minute braten, dann mit ein wenig Olivenöl bestreichen und beiseitestellen. (Man kann auch ein Glas mit gegrillten Auberginen kaufen, wenn gewünscht.)

TABBOULEH

Bulgur abspülen, dann mit dem Tomatenpüree und dem Suppenwürfel in eine Schüssel geben. Mit kochendem Wasser übergießen, verrühren und zudecken. Petersilie und Koriander mit den Stängeln fein hacken, Minzeblätter von den Stängeln zupfen, ebenfalls hacken und beiseitestellen. Nach 12 Minuten Bulgur mit einer Gabel auflockern und gehackte Kräuter, Frühlingszwiebeln und 1–2 EL Granatapfelkerne untermischen, mit 1 Prise Salz und Pfeffer würzen und beiseitestellen.

ZUSAMMENSTELLUNG

Mit dem Arrangement der größeren Elemente auf der Platte beginnen; Tabbouleh direkt auf die Platte geben und die gegrillten Auberginen und Falafeln (eine halbieren, um die grüne Färbung zu zeigen) dazulegen und das Fladenbrot oder Pita-Brot auf die Zwischenräume verteilen.

Tahini-Joghurt direkt auf die Platte geben, mit etwas Olivenöl beträufeln und mit einem Streifen Dukka in der Mitte des Joghurts verzieren. Zwiebelspalten neben einem kleinen Häufchen Meersalz (zum Dippen) sowie die Baby-Gurken auflegen. Offen Lücken kann man mit Oliven, Feigen, Datteln, Granatapfelkernen und Pistazien füllen.

DIPS

Hier ist meine Version des berühmten Tzatziki, das in jeder Taverne auf allen griechischen Inseln serviert wird und sowohl bei den Einheimischen als auch den Touristen überaus beliebt ist!

TZATZIKI

2 Salatgurken (etwa 400 g), geschält und entkernt

500 g Soja-Joghurt

6 EL natives Olivenöl

1 EL Umeboshi-Essig (optional)

2 Knoblauchzehen, zerdrückt

Zitronensaft, frisch gepresst, nach Geschmack

1 EL Petersilie, frisch gehackt

1 EL Schnittlauch, in Röllchen geschnitten

Salz

ERGIBT ETWA 700 G

Geraspelte Salatgurken mit etwas Salz vermengen und 15 Minuten ruhen lassen. Den Gurkensaft so gut wie möglich ausdrücken, sonst verwässert die Flüssigkeit den Dip.

Restliche Zutaten in einer Schüssel vermengen und die ausgedrückten Gurken zugeben. Bis zum Servieren kalt stellen.

Und schon ist es fertig! Es ist der erfrischendste Snack und findet sich vom Anfang bis zum Ende der Gurkensaison auf meiner Speisekarte. Es ist ein großartiger Dip für die frittierten Falafeln nach griechischer Art (siehe Seite 26), aber eigentlich kann man es mit jeder anderen Falafel aus diese Buch servieren!

Dieses Rezept ist eine nette Ergänzung zu vielen Falafel-Rezepten dieses Buches. Am besten kochen Sie Ihre eigenen Kichererbsen, aber man kann auch Kichererbsen aus der Dose dafür verwenden (in diesem Fall verwendet man auch das Kochwasser aus der Dose), aber denken Sie daran, dass Hummus aus frisch gekochten Kichererbsen den fade schmeckenden aus Dosenware beschämt aussehen lässt!

BASIS-HUMMUS

320 g gekochte Kichererbsen (siehe Seiten 10–11), plus 60 ml Kochwasser oder mehr , wenn nötig, plus 2 EL gekochte Kichererbsen zum Servieren

2 EL natives Olivenöl, plus 2 EL zum Servieren

1 EL Tahini

3 Knoblauchzehen

Saft von ½ Zitrone, oder nach Geschmack, frisch gepresst

½ TL Salz, oder nach Geschmack

Glatte Petersilie, frisch gehackt, zum Garnieren (optional)

ERGIBT ETWA 2–4 PORTIONEN

Alle Zutaten außer den extra Kichererbsen und dem Öl zum Servieren in einem Mixer oder einer Küchenmaschine pürieren, dabei langsam das Kochwasser zugießen, bis alles eine cremige Konsistenz hat; das dauert etwa 1 Minute. Hochgeschwindigkeitsmixer erzeugen die cremigste Konsistenz und man benötigt weniger Flüssigkeit und Zeit, aber man kann sowohl eine Küchenmaschine als auch einen Stabmixer verwenden.

Mit Zitronensaft und Salz nach Geschmack würzen.

Zum Servieren mit 2 EL nativem Olivenöl beträufeln und 2 EL ganze Kichererbsen darüberstreuen. Wenn gewünscht, mit gehackter glatter Petersilie garnieren.

Kichererbsen keimen zu lassen ist ganz einfach und verwandelt die harten Samen, die man stundenlang kochen muss, in leichter verdauliche und schneller zu kochende Sprossen! Sie zu blanchieren verbessert zusätzlich Geschmack und Textur.

HUMMUS AUS GEKEIMTEN KICHERERBSEN

135 g getrocknete Kichererbsen

1,25 l Wasser

3 EL Tahini

2 TL Kreuzkümmel, gemahlen

¼ TL geräuchertes Paprikapulver, plus extra zum Garnieren

2 Knoblauchzehen

1 EL Olivenöl

Saft von ½ Zitrone, oder nach Geschmack, frisch gepresst

½ TL Salz, oder nach Geschmack

Reiswaffeln und eingelegtes Gemüse (wie Radieschen, Gurken und rote Zwiebeln), zum Servieren (optional)

ERGIBT ETWA 2–3 PORTIONEN

Kichererbsen über Nacht in Wasser einweichen. Am nächsten Tag abgießen, in ein großes Gefäß geben, mit einem Mulltuch abdecken und dieses mit einem Gummiband fixieren. Im 45°-Winkel kopfüber in eine Schüssel stellen, sodass das restliche Wasser ablaufen kann. 24 Stunden keimen lassen.

Kaltes Wasser durch das Mulltuch laufen lassen, bis die Kichererbsen bedeckt sind, dann abgießen und den Behälter wieder in die Schüssel stellen. Nochmals 24 Stunden keimen lassen. Nun sollten schon an jedem Samen ein kleiner Keim sichtbar sein. Ich lasse sie gern nochmals 24 Stunden keimen (3 ganze Tage), sodass der Keim etwa halb so groß wie die Kichererbse selbst ist. Manche Kichererbsenarten keimen langsamer als andere, deshalb sollte man die Zeit anpassen. Man kann die gekeimten Kichererbsen, gut abgetropft und luftgetrocknet, in einem sauberen Behälter ein paar Tage im Kühlschrank aufbewahren. Man sollte etwa 300 g Sprossen haben.

Für den Hummus Wasser zum Kochen bringen, gekeimte Kichererbsen zugeben und bei mittlerer Hitze 10 Minuten kochen. Abgießen, gut abtropfen lassen (dabei mindestens 60 ml Kochwasser auffangen) und leicht auskühlen lassen.

Mit den anderen Zutaten im Mixer pürieren, dabei so viel Kochwasser zugeben, dass ein cremiger Hummus entsteht. Nach Geschmack würzen. Knapp vor dem Servieren mit geräuchertem Paprikapulver bestreuen und mit Olivenöl beträufeln. Warm oder kalt servieren. Ich streiche den Hummus gern auf Reiswaffeln und belege ihn mit eingelegtem Gemüse – einfach, aber köstlich!

In unserer Ernährung gibt es nie genug grünes Gemüse! Es ist besonders wichtig, grünes Blattgemüse nicht zu überkochen, man kann es aber auch roh verwenden, so wie ich Spinat im folgenden Rezept verwende. So bleiben alle Nährstoffe erhalten und der Hummus wird leuchtend grün!

SPINAT-HUMMUS

320 g gekochte Kichererbsen (siehe Seiten 10–11), plus 60 ml Kochwasser oder bei Bedarf mehr

3 EL natives Olivenöl

1 EL Cashewbutter

3 Knoblauchzehen

1 EL Umeboshi-Essig (nicht entscheidend, aber erzeugt zusätzlichen Geschmack)

70 g/1 Handvoll Spinatblätter

Saft von ½ Zitrone, oder nach Geschmack, frisch gepresst

½ TL Salz, oder nach Geschmack

Glatte Petersilie, frisch gehackt, zum Garnieren (optional)

Gemüse-Chips (siehe Seite 154), zum Servieren (optional)

ERGIBT ETWA 2–3 PORTIONEN

Alle Zutaten im Mixer oder einer Küchenmaschine pürieren, dabei so viel Kochwasser zugeben, dass der Hummus eine cremige Konsistenz bekommt; das dauert etwa 1 Minute. (Hochgeschwindigkeitsmixer erzeugen die cremigste Konsistenz und man benötigt weniger Flüssigkeit und Zeit, aber man kann sowohl eine Küchenmaschine als auch einen Stabmixer verwenden.)

Mit Zitronensaft und Salz nach Geschmack würzen. Wenn gewünscht, mit gehackter glatter Petersilie garnieren und mit Gemüse-Chips zum Dippen servieren.

Die intensive erdige Süße gebackener Roter Bete verleiht diesem Hummus ein tiefes, reiches Aroma.

ROTE-BETE-HUMMUS

2 Stück Rote Bete, gut gewaschen, mit der Haut

1 Portion Basis-Hummus (siehe Seite 91)

1 TL Kümmelsamen

Salz

Olivenöl, zum Beträufeln

Backblech, ausgelegt mit Backpapier

ERGIBT 2–4 PORTIONEN

Backofen auf 200 °C vorheizen.

1 Prise Salz in die Rote Bete reiben und diese danach fest in Aluminiumfolie einwickeln. Auf das mit Backpapier ausgelegte Blech legen und im vorgeheizten Ofen etwa 45 Minuten backen, oder bis die Rote Bete weich ist. Leicht auskühlen lassen. Schälen, Haut und Stielansätze entfernen und in einem Mixer oder einer Küchenmaschine cremig pürieren.

Das Rote-Bete-Püree nach und nach mit dem Hummus verrühren (dabei etwas Püree beiseitestellen). Man sollte diesen Schritt langsam ausführen, bis Konsistenz, Farbe und Geschmack passen. Eventuell nachwürzen. Kümmelsamen unterrühren oder darüberstreuen. Mit dem beiseitegestellten Rote-Bete-Püree einen Wirbel zeichnen und zum Servieren mit etwas Olivenöl beträufeln.

Dieser Hummus ist voller mediterraner Aromen. Ich backe einmal pro Woche Knoblauchknollen, drücke das Fruchtfleisch heraus und bewahre es für verschiedenen Rezepte in einem luftdicht verschlossenen Behälter im Kühlschrank auf.

MEDITERRANER TOMATEN-HUMMUS

1 Knoblauchknolle

10 sonnengetrocknete Tomaten-hälften

320 g gekochte Kichererbsen (siehe Seiten 10–11), plus 60 ml Kochwasser, oder mehr, wenn nötig

1 EL Tahini

3 EL natives Olivenöl (2 für den Hummus und 1 EL zum Servieren)

1 Bund frisches Basilikum, gehackt, plus einige ganze Blätter zum Garnieren

1 Zweig Thymian, nur die Blätter

3 EL Petersilie, gehackt

2 TL Zitronensaft

½ TL Salz, oder nach Geschmack

¼ TL Rosmarinpulver

Schwarzer Pfeffer, frisch gemahlen

Grobes Meersalz und 1 TL Olivenöl, zum Backen vom Knoblauch

ERGIBT ETWA 2–3 PORTIONEN

Backofen auf 180 °C vorheizen.

Knoblauch mit Öl bestreichen und mit etwas grobem Meersalz einreiben, fest in Aluminiumfolie wickeln und 40 Minuten backen, bis der Knoblauch weich ist. Man verwendet die halbe Menge für dieses Rezept und bewahrt den Rest für andere Gerichte auf.

Sonnengetrocknete Tomaten 30 Minuten in warmem Wasser einweichen. Abgießen und Einweichwasser entfernen. (Wenn man in Öl eingelegte Tomaten verwendet, muss man sie nicht einweichen und man lässt 2 EL Olivenöl vom Rezept weg, da die Tomaten schon genug Öl für den Hummus enthalten.) Tomaten fein hacken.

Kichererbsen mit Tahini mixen, dabei langsam Kochwasser zugießen, bis die gewünschte Konsistenz erreicht ist. In eine größere Schüssel geben und die gehackten Tomaten, die Hälfte der Knoblauchpaste, gehacktes Basilikum, Thymianblätter, 2 EL Olivenöl, 2 EL gehackte Petersilie, Zitronensaft, Salz und frisch gemahlenen schwarzen Pfeffer nach Geschmack zugeben. Mit Rosmarinpulver und restlicher gehackter Petersilie bestreuen, mit den ganzen Basilikumblättern garnieren und mit Olivenöl beträufeln.

Dies ist eine frische Alternative zu traditionellem Hummus. Der nussige Geschmack der dicken Bohnen (Fava-Bohnen) passt gut zur Zitrone und dem Sesam der Tahini.

DICKE-BOHNEN-HUMMUS

300 g frische dicke Bohnen

400 g Kichererbsen aus der Dose, abgegossen und abgespült

50 g Tahini

2 Knoblauchzehen, gebacken (siehe Anmerkung)

Abrieb und Saft (frisch gepresst) von 1 Zitrone

Salz und schwarzer Pfeffer, frisch gemahlen

Getoastetes Brot, zum Servieren

ERGIBT 4 PORTIONEN

Dicke Bohnen in einen Topf mit kaltem ungesalzenen Wasser geben und bei mittlerer Hitze auf den Herd stellen. Zu schwachem Köcheln bringen und 5 Minuten köcheln lassen. Abgießen, dann in eine Schüssel mit kaltem Wasser geben und kalt stellen, um den Kochvorgang abzubrechen. Nach ein paar Minuten die äußere Haut abziehen und entfernen und das Innere für den Hummus verwenden.

Bohnen und restliche Zutaten mit ½ TL Salz in eine große Rührschüssel geben und mit dem elektrischen Handmixer zu einer feinen Paste mixen. Eventuell mit Salz nachwürzen. Mit schwarzem Pfeffer bestreuen und sofort mit getoastetem Brot servieren oder bis zu 4 Tagen im Kühlschrank aufbewahren.

Anmerkung: Für den gebackenen Knoblauch die ganze Knolle auf ein Backblech legen und im vorgeheizten Ofen bei 180 °C 45 Minuten backen. Man kann das leicht erledigen, während man etwas anderes zubereitet, und die Knolle bis zum Gebrauch im Kühlschrank aufbewahren. Man hat nun eine Knolle weichen Knoblauch, den man Zehe für Zehe wie Zahnpaste aus der Tube drücken kann.

Es eignet sich großartig zum Mitnehmen als Snack oder mit hausgemachten Crackern, Reiswaffeln oder frisch gebackenem Brot als schnelles Mittagessen mit einem Salat.

WALNUSS-TAHINI-HUMMUS

200 g Walnüsse, mindestens
4 Stunden eingeweicht und gut
abgetropft, plus extra (gehackt)
zum Servieren

80 g Tahini

60 ml natives Olivenöl, plus extra
zum Servieren

60 ml Zitronensaft oder nach
Geschmack, frisch gepresst,

¾ TL Salz oder nach Geschmack

1½ TL Kreuzkümmelsamen,
gemörsert oder 1 TL Kreuzkümmel,
gemahlen

2 Knoblauchzehen

Schwarzer Pfeffer, frisch gemahlen

Petersilie, frisch gehackt, zum
Servieren

ERGIBT 370 G

In einer Küchenmaschine mit einer S-Klinge oder einem Hochgeschwindigkeitsmixer alle Zutaten mixen, dabei 120 ml Wasser zugießen, bis eine cremige Konsistenz erreicht ist. Eventuell nachwürzen.

Mit etwas extra Olivenöl beträufelt und mit gehackten Walnüssen und gehackten Kräutern bestreut servieren.

SAUCEN, DRESSINGS & PICKLES

Wenn Sie Saucen auf Joghurt-Basis lieben, aber Milchprodukte und Soja meiden wollen, dann ist das hier eine großartige Alternative! Cashewkerne sind mild im Geschmack und können als Basis für viele köstliche Rezepte verwendet werden, besonders jene, die Joghurt- und Frischkäsegerichte imitieren.

CASHEW-„JOGHURT"-SAUCE

180 g Cashewkerne

4 EL Zitronensaft, frisch gepresst, oder nach Geschmack

1 TL Agavensirup (optional)

ERGIBT ETWA 400 G

Cashewkerne in eine Schüssel geben, mit Wasser bedecken und 24 Stunden einweichen lassen. Abgießen, Einweichwasser entfernen und Nüsse gut abspülen.

Eingeweichte Cashewkerne mit den restlichen Zutaten und 175 ml kaltem Wasser in einem Hochgeschwindigkeitsmixer glatt pürieren. Kalt stellen und binnen 2 Tagen verbrauchen.

Eine vegane Version der beliebten Mayonnaise, die viel leichter ist und weniger Öl enthält als übliche oder sogar gekaufte vegane Mayonnaise. Sie passt gut zu jeder Art von Falafel.

TOFU-MAYONNAISE

300 g frischer Tofu

60 ml Oliven- oder Sonnenblumenöl

3 EL Zitronensaft, frisch gepresst oder Apfelessig

1 weiche, entkernte Dattel

½ TL Meersalz

ERGIBT ETWA 240 G

Alle Zutaten mit 90 ml Wasser glatt pürieren.

Eventuell nachwürzen. Ich mag es sauer, deshalb gebe ich ein wenig mehr Zitronensaft oder Essig zu. Man sollte auch darauf achtgeben, zu welchem Gericht man sie serviert; wenn man sie für ein Salatdressig verwendet, sollte sie saurer sein, isst man sie zu salzigem Essen wie Falafel, sollte sie weniger salzig sein.

Neben Guacamole oder als Scheiben im Salat kann man Avocado auch in cremige Dips mischen, die gut zu allem passen.

KRÄUTER-AVOCADO-DIP

1 reife Avocado (etwa 250 g), geschält und entkernt

4 EL Olivenöl

1 EL Tahini

1 EL Zitronensaft, frisch gepresst

1 TL Tamari-Sojasauce

¼ TL Cayennepfeffer, oder nach Geschmack

1 Bund frische Kräuter (Basilikum, Koriander, Petersilie, Zitronenmelisse)

Kokosmilch oder Wasser, so viel wie nötig

Salz

ERGIBT ETWA 240 G

Avocado in einem Mixer oder einer Küchenmaschine mit allen anderen Zutaten pürieren, dabei Kokosmilch oder Wasser nach Bedarf zugießen, um die gewünschte Konsistenz zu erreichen. Kosten und eventuell nachwürzen.

Anmerkung: Man kann jede Nuss-oder Samenbutter statt Tahini verwenden – Erdnussbutter ist etwa eine interessante Wahl. Man kann von dieser Dip-Sauce unzählige Varianten zubereiten, indem man Knoblauch, Zwiebel oder Essig zugibt – je nach dem, was man gerade im Vorratsschrank hat. Zitronensaft verschiebt den Bräunungsprozess der Avocado, am besten verwendet man die Sauce noch am selben Tag.

Dieses frische Kräuterpesto passt perfekt zu Falafeln.

KORIANDER-FETA-PESTO

60 g Koriander, gehackt

50 g Walnüsse, gehackt

100 g Feta (oder vegane Alternative), zerkrümelt

80 ml Olivenöl

ERGIBT ETWA 240 G

Koriander, Walnüsse und Feta in einer Küchenmaschine grob zerkleinern, dann Olivenöl zugeben. Öl einarbeiten, dabei jedoch eine grobe Konsistenz belassen.

Bei gebratenen Speisen wie Falafel ist es sehr wichtig, rohes Gemüse als Beilage zu servieren, um mehr Nährstoffe zu erhalten. Diese einfache Salsa schmeckt am nächsten Tag sogar noch besser!

SUPER EINFACHE SALSA

3 reife Tomaten (etwa 550 g), Stängelansatz entfernen

1 Handvoll frisches Basilikum

3 EL Zwiebel, fein gehackt

1 Knoblauchzehe, fein gehackt

3 EL natives Olivenöl

¼ TL Oregano, getrocknet

Salz und schwarzer Pfeffer, frisch gemahlen

ERGIBT ETWA 700 G

Tomaten halbieren und Saft und Samen entfernen. Fruchtfleisch würfeln und in eine Schüssel geben. Basilikumblätter mit der Hand zerreißen und mit den anderen Zutaten zu den Tomaten geben. Gut vermengen und mindestens eine halbe Stunde ruhen lassen, damit sich alle Aromen gut verbinden.

Die beste Paprikasorte für diese leckere Sauce sind rote Spitz-paprika, aber wenn sie nicht erhältlich sind, kann man auch einfache rote Paprikaschoten nehmen. Geröstete Paprika schmecken intensiver, haben ein wunderbares Aroma und passen zu jeder Art von Falafel.

GERÖSTETE-PAPRIKA-SENFSAUCE

1 kg Spitzpaprika

60 ml natives Olivenöl

2 EL Dijon-Senf

4 Knoblauchzehen, zerdrückt

Apfelessig, nach Geschmack

Chilipulver oder schwarzer Pfeffer, frisch gemahlen (optional)

Meersalz

Backblech, mit Backpapier ausgelegt

ERGIBT ETWA 240 G

Backofen auf 180 °C vorheizen.

Paprika waschen und trocken tupfen, im Ganzen lassen und auf ein Backblech legen. Im vorgeheizten Ofen 20–25 Minuten braten, dabei häufig wenden, bis die Haut auf allen Seiten schwarz geworden ist und Blasen wirft.

Paprika aus dem Ofen nehmen, in einen luftdicht verschließbaren Behälter geben und fest verschlossen lange genug ruhen lassen, dass sich Dampf bildet; das dauert etwa 15 Minuten. So kann man die Schoten leichter schälen.

Die ganze Flüssigkeit, die während des Auskühlens entsteht auffangen, Schoten schälen und entkernen, die dabei entstehende Flüssigkeit auffangen.

Geschälte und entkernte Paprikaschoten in einem Mixer oder einer Küchenmaschine pürieren, dabei das Öl, die aufgefangene Flüssigkeit, Dijon-Senf, Knoblauch, Salz und ein wenig Essig zugeben. Man kann auch ein wenig Chilipulver oder schwarzen Pfeffer zugeben, um sie extra pikant zu machen. Mehr Paprikasaft oder Öl nachgießen, um die gewünschte Konsistenz zu erreichen. In einem gut verschließbaren, sterilisierten Glas im Kühlschrank aufbewahren und innerhalb 1 Monats verbrauchen.

Tahini kann man leicht kaufen und es gibt auch viele Marken guter Qualität, doch es hat etwas sehr Befriedigendes, es zu Hause selbst zu machen. Und es ist auch definitiv billiger. Man muss etwas Zeit und Energie aufwenden, und wenn man einen Hochgeschwindigkeitsmixer besitzt, ist das sehr hilfreich, wenn man eine wirklich ölig-cremige Konsistenz haben will, wie es sich gehört.

TAHINI

4 EL Tahini (siehe unten)
1 Knoblauchzehe, zerdrückt
1 EL Schnittlauch, in Röllchen geschnitten
Zitronensaft, frisch gepresst, nach Geschmack
Etwa 120 ml Hafer-, Reis- oder Mandelmilch
Salz und schwarzer Pfeffer, frisch gemahlen

TAHINI
450 g ungeschälte Sesamkörner
¼ TL Salz

ERGIBT ETWA 150 G

Mit dem Zubereiten der Paste beginnen. Sesamkörner in ein sehr feines Sieb geben und unter fließendem Wasser gründlich waschen. Diesen Schritt nicht auslassen, da die Sesamkörner sich so viel gleichmäßiger rösten lassen, und das Waschen verhindert auch, dass sie aus der Pfanne springen. Sehr gut abtropfen lassen.

Sesamkörner in einer gusseisernen Pfanne bei mittlerer Hitze geben. Sollte die Pfanne zu klein für die ganze Menge sein, in zwei Portionen teilen. Sesamkörner trocken rösten, dabei ständig umrühren, bis sie goldbraun sind und beginnen aufzuspringen. Kontrollieren, ob sie fertig sind, indem man sie zwischen den Fingern reibt – zerkrümeln sie leicht, sind sie fertig.

Sesam in einem Hochgeschwindigkeitsmixer mit Salz pürieren, dabei die Masse während des Vorgangs immer wieder an den Seiten nach unten streichen. Nach ein paar Minuten werden sich die Sesamkörner in cremiges Tahini verwandeln! Mit einem Löffel in einen sterilisierten, trockenen Behälter aus Glas geben und gut verschließen.

Für die Sauce Tahini, Knoblauch, Schnittlauch, Zitronensaft und ein wenig Salz und schwarzen, frisch gemahlenen Pfeffer und gerade so viel Milch zugeben, dass eine glatte Sauce entsteht. Reste kann man im Kühlschrank zur späteren Verwendung aufbewahren.

*Versuchen Sie diese vegane Alternative des Ranch-Dressings.
Man kann es nicht nur für Salate verwenden, sondern auch als
Dip für Rohkost oder als Aufstrich für Sandwiches.*

TAHINI-CASHEW-RANCH-DRESSING

130 g Tahini

60 g Cashewkerne, 4 Stunden in
kaltem Wasser eingeweicht,
abgegossen und abgespült

130 g vegane Mayonnaise

2 EL Apfelessig, oder nach
Geschmack

2 Knoblauchzehen

1 EL Dijon-Senf

½ TL Salz

10 g Dille und Schnittlauch, frisch
gehackt, plus extra zum Servieren

Schwarzer Pfeffer, frisch gemahlen

ERGIBT 320 G

In einem Mixer Tahini, Cashewkerne, Mayonnaise, Essig, Knoblauch, Senf und Salz mixen, dabei langsam kaltes Wasser zugießen, bis die gewünschte Konsistenz erreicht ist. In eine Schüssel geben und die gehackten Kräuter und Pfeffer nach Geschmack unterrühren. Eventuell mit Essig und/oder Salz nachwürzen. Zugedeckt im Kühlschrank bis zu 4 Tage aufbewahren.

Eine interessante Geschmackskombination: scharfer Ingwer, süße Karotte und leicht bitteres Tahini.

KAROTTEN-INGWER-DRESSING

100 g/1 große Karotte, geraspelt

70 g/1 kleine Zwiebel, gehackt

2 cm großes Stück frischer Ingwer, geschält

2 EL Petersilie

2 weiche Datteln, entkernt

2 EL Tahini

2 EL Soja- oder Hafercreme

1 EL Umeboshi-Essig oder Salz nach Geschmack

1 EL Apfelessig, oder nach Geschmack

ERGIBT 320 G

Mit einem Mixer alle Zutaten mit 120 ml kaltem Wasser zu einem glatten Dressing pürieren. In einem luftdicht verschließbarem Glas bis zu 1 Woche im Kühlschrank aufbewahren.

Das einfache Dressing mit etwas Tahini kann man im Voraus zubereiten und in einem luftdicht verschlossenen Behälter einige Tage im Kühlschrank aufbewahren.

EINFACHE TAHINI-VINAIGRETTE

4 EL Tahini

12 EL Apfelessig, oder nach Geschmack

Abgeriebene Schale und Saft von 2 Zitronen, frisch gepresst

4 EL Tamari-Sojasauce

15 g Petersilie, fein gehackt

Wasser, nach Bedarf

Salz und schwarzer Pfeffer, frisch gemahlen

ERGIBT 415–480 G

Alle Zutaten in einer Schüssel verquirlen, bis sich das Tahini aufgelöst hat. Wenn nötig nachwürzen. Es sollte ein wenig stark und eher salzig schmecken, um den milden Geschmack von Rohkost und Salat auszugleichen.

Drei meiner Lieblingsvarianten, um Hummusresten in Form von Salatdressings neues Selbstwertgefühl zu verleihen.

HUMMUS-SALATDRESSINGS

HUMMUS-DRESSING MIT KAPERN

80 g Hummusreste

2 TL Salzkapern

1 EL Olivenöl

1 Handvoll Basilikum

1 EL Zitronensaft, frisch gepresst

60 ml Wasser

ERGIBT ETWA 150 G

RAUCHIGES HUMMUS-DRESSING

80 g Hummusreste

3 EL Zwiebel, gehackt

1 TL geräuchertes Paprikapulver

½ TL süßes Paprikapulver

1 EL Sonnenblumenöl

¼ TL Salz

1 EL Apfelessig

60 ml Wasser

Schwarzer Pfeffer, frisch gemahlen

ERGIBT ETWA 150 G

KNOBLAUCH-HUMMUS-DRESSING

80 g Hummusreste

2–3 Knoblauchzehen

¼ TL Salz

1 EL Olivenöl

1 EL Zitronensaft, frisch gepresst, oder nach Geschmack

½ TL Kurkuma, gemahlen

60 ml Soja- oder Hafercreme

ERGIBT ETWA 150 G

Für jedes Rezept einfach alle Zutaten in einer Küchenmaschine oder einem Mixer zu einem weichen, cremigen Dressing pürieren.

Jede vegane Mayonnaise kann man in ein Dressing verwandeln, indem man mehr Flüssigkeit einrührt. Diese Art Dressing passt gut zu fast allem, und die Tatsache, dass es Nüsse und Samen enthält (und damit alle gesunden Öl, die diese enthalten), macht es sehr reichhaltig. Zur Verwendung mit Salaten, Sandwiches oder als Dip für Falafel oder rohes Gemüse!

CASHEW-MAYONNAISE-DRESSING

90 g ungesalzene Cashewkerne

85 g Sonnenblumenkerne

3 EL Olivenöl

¾ TL Meersalz

1 weiche, entkernte Dattel

180 ml kaltes Wasser

1 EL Zitronensaft

2 Knoblauchzehen (optional)

ERGIBT 400 G

Nüsse und Sonnenblumenkerne über Nacht einweichen, abgießen (Einweichwasser entfernen) und abspülen.

Eingeweichte Nüsse und Sonnenblumenkerne mit den anderen Zutaten in einer Küchenmaschine ganz fein pürieren – nur ein Hochgeschwindigkeitsmixer kann die samtige Cremigkeit, die man für dieses Dressing braucht, erreichen! Sollte es zu dick sein, mehr Wasser beimengen, um die gewünschte Konsistenz zu bekommen.

Zudecken und bei Raumtemperatur 6–8 Stunden ruhen und fermentieren lassen, damit sich alle Aromen entfalten können.

Dies ist nur eine von vielen Varianten von Kimchi. Zu Hause einzulegen, wird oft vernachlässigt und man realisiert nicht, wie wichtig es für eine gute Verdauung ist, täglich natürlich fermentierte Nahrungsmittel zu essen. Man kann immer einige Gefäße in verschiedenen Stadien der Fermentation als Vorrat haben und täglich ein oder zwei Löffel voll mit der Hauptmahlzeit verzehren – das ist leicht! Es zahlt sich aus, eine große Menge auf einmal herzustellen und es innerhalb von 30–60 Tagen zu verbrauchen.

HAUSGEMACHTES KIMCHI

1,2 l Wasser

3 EL Meersalz

600 g Kohl, in Streifen geschnitten

180 g Lauch, gehackt

10 g/1 Handvoll Lappentang

20 g frischer Ingwer, geschält

4 Knoblauchzehen

1 TL Kurkuma, gemahlen

1 ganze mittelgroße Chilischote

Pickles-Presse (optional)

ERGIBT 12–15 PORTIONEN

Mit Wasser und Salz eine Lake herstellen, dabei gut umrühren, bis sich das Salz aufgelöst hat. Kohl und Lauch in eine Pickles-Presse geben und mit der Salzlake bedecken. Um das Gemüse unter der Flüssigkeit zu halten, den Deckel etwas nach unten drücken. Einige Stunden oder wenn möglich über Nacht ruhen lassen. Sollte keine Pickles-Presse vorhanden sein, Gemüse in eine Schüssel geben und mit einem Teller beschweren.

In der Zwischenzeit Ingwer und Knoblauch zerdrücken. Algen 30 Minuten in kaltem Wasser einweichen, dann abgießen und fein hacken.

Das eingeweichte Gemüse abgießen, aber die Lake aufbewahren. Kurkuma mit Gemüse, Algen, zerdrücktem Ingwer und Knoblauch vermengen und die Chilischote zugeben.

Mischung zurück in die Pickles-Presse oder Schüssel geben, so viel Lake zugießen, dass das Gemüse vollständig damit bedeckt ist, wenn man den Decken hinunter drückt. Den Deckel so weit wie möglich nach unten schrauben, oder, wenn ein Teller verwendet wird, etwas Schweres daraufstellen. Mindestens eine Woche fermentieren lassen. Am besten schmeckt es nach 4 Wochen!

Man findet verschiedene Arten von Fermentation unter dem Namen Turshiya am Balkan und im Nahen Osten, aber diese Version verwendet natürliche Fermentation.

TURSHIYA *(Gemischtes eingelegtes Gemüse)*

1 kleiner Blumenkohl (etwa 480 g)

8 kleine Karotten (etwa 220 g)

4 kleine Zwiebeln (etwa 320 g)

4 grüne süße Paprikaschoten (etwa 400 g)

2 Salatgurken (etwa 450 g)

120 g Meersalz

Pickles-Presse (3 Liter)

Krug, Eimer oder Ähnliches (7 Liter)

ERGIBT 7 LITER

Gemüse waschen (dabei nicht zu hart schrubben, da sonst die für die Fermentation wichtigen Enzyme verloren gehen) und alle dunklen Flecken entfernen. Blumenkohl von den Blättern befreien und in große Röschen teilen. Karotten ganz lassen oder der Länge nach teilen. Zwiebeln schälen und vierteln. Paprikaschoten der Länge nach halbieren, Stängel und Samen entfernen und jede Hälfte in 2–3 Streifen schneiden. Salatgurken mit der Haut in dicke Halbmonde schneiden. Das ganze Gemüse in einen Glas oder Krug geben.

In einer separaten Schüssel 3 l Wasser mit Salz verrühren, bis dieses sich aufgelöst hat. Das Gemüse damit übergießen. Mit einem Teller oder Deckel, der in den Krug oder das Glas passt, nach unten drücken, sodass es die ganze Zeit über mit Lake bedeckt ist. Bei Bedarf mit einem kleinen Stein beschweren, damit sich der Deckel nicht verschiebt. Man braucht aber keinen Druck, um Turshiya zuzubereiten. Mit einem sauberen Tuch abdecken und bei Raumtemperatur ohne direktes Sonnenlicht ruhen lassen. Der Fermentationsprozess wird innerhalb von 2 Tagen einsetzen, wobei sich etwas Schaum auf der Oberfläche der Flüssigkeit bildet. Alle 2–3 Tage das Glas oder den Krug kontrollieren, eventuell sich bildende Kahmhefe entfernen und weiter fermentieren. Je nach Raumtemperatur ist das Gemüse in 3–4 Wochen fertig, bei kälteren Temperaturen kann es bis zu 2 Monate dauern. Man muss geduldig sein, den Krug oder das Glas oft kontrollieren und das Gemüse von Zeit zu Zeit verkosten, um zu überprüfen, wie sich der Geschmack entwickelt. Sobald es nach Ihrem Geschmack ist, Gemüse in saubere Gläser füllen, mit Lake bedecken und im Kühlschrank aufbewahren.

Diese Salat-Pickles können Sie einen Tag im Voraus herstellen oder im Kühlschrank bis zu 2 Wochen aufbewahren. Pickles und Eingemachtes wird in Marrakesch meist mit anderen Salaten als Vorspeise serviert oder man genießt sie als Snack mit Salzgebäck, Spießchen oder Merguez-Würstchen. Man kann sie wirklich mit allen Gemüsesorten zubereiten.

GEMISCHTE SALAT-PICKLES

2 mittelgroße Karotten, geschält und in Stifte geschnitten

1–2 weiße Rettiche, geschält und in Stifte geschnitten

1 kleine Salatgurke, geschält, entkernt und in Stifte geschnitten

1 rote Paprikaschote, entkernt und in Stifte geschnitten

Einige großzügige Prisen Meersalz

2 EL blanchierte Mandeln

2 TL rote Pfefferkörner

1–2 TL Kreuzkümmelsamen

Eine Prise Safranfäden

1–2 Zimtstangen

Saft von 2–3 Zitronen, frisch gepresst

1 EL weißer Essig

2 EL Zucker

1–2 EL Orangenblütenwasser

1 kleiner Bund Koriander, fein gehackt

ERGIBT 4–6 PORTIONEN

Gemüse in eine Schüssel geben und mit Salz bestreuen. 30 Minuten ziehen lassen, dann abspülen und gut abtropfen lassen.

Gemüse zurück in die Schüssel geben und Mandeln, Pfefferkörner, Kreuzkümmelsamen, Safran und Zimtstangen zugeben. Zitronensaft, Essig und Zucker zugeben und gut verrühren. Schüssel abdecken und 6 Stunden oder über Nacht ruhen lassen.

Vor dem Servieren Orangenblütenwasser und Koriander unterrühren. Pickles zimmerwarm servieren.

Dies ist eine wunderbare Art, spätes Frühlings- und Sommergemüse oder Obst zu fermentieren und alle Reste von Joghurt oder Kefir zu verbrauchen. Reife Früchte geben dieser Salsa einen angenehmen süßen Kick. Statt Kirschen kann man auch reife Mangos, Aprikosen, Pfirsiche oder Pflaumen verwenden.

FERMENTIERTE SALSA CRUDA

1 Salatgurke (etwa 220 g)

2 reife Tomaten (etwa 340 g)

2 Zwiebeln (etwa 140 g)

25 g Frühlingszwiebeln, gehackt, und Petersilie oder Dille, gehackt

Saft von 1 Zitrone, frisch gepresst

1 milde frische Chilischote

70 g reife Kirschen, entkernt

20 g/1 gehäuften EL feines, rosa Himalaya-Salz, oder anderes Salz

960 g Molke (siehe Anleitung im Text) oder Wasser

2-Liter-Glas mit fest schließendem Deckel

ERGIBT 2 LITER

Gurke schälen, sollte sie nicht aus biologischem Anbau sein. Das ganze Gemüse klein schneiden und in eine große Schüssel geben. Zitronensaft, aufgeschlitzte Chilischote und Kirschen zugeben. Salz und Molke im Glas gut verquirlen, dann die Zutaten aus der Schüssel zugeben und gut verrühren. Glas fest verschließen und bei Raumtemperatur bis zu 10 Tage ruhen lassen – im Sommer ist die Salsa bereits nach rund 4 Tagen fertig.

Den Deckel im Laufe des Tages mehrmals öffnen, um das sich während der Fermentation bildende Kohlendioxid entweichen zu lassen. Alternativ kann man den Deckel nicht ganz zudrehen; das Endprodukt wird dann allerdings weniger spritzig sein. Sobald das Gemüse dem Geschmack entspricht, in den Kühlschrank stellen und innerhalb eines Monats verzehren. Salsa cruda ist eine fantastische würzige Beilage bei jeder Mahlzeit oder man mischt sie in den täglichen Salat. Das ist sehr erfrischend!

Zubereitung der Molke: Ein großes Sieb über eine große Schüssel legen. Einen Stofffilter in das Sieb legen und 1,2 kg Joghurt (oder veganen Joghurt) in den Filter gießen. Das obere Ende des Filters so falten, dass kein Joghurt ausfließen kann, mit etwas Schwerem bedecken (einer Schüssel oder einem Gewicht) und die Molke 8–12 Stunden oder länger abtropfen lassen. Die Molke für dieses Rezept verwenden, den Frischkäse im Filter für ein anderes Rezept aufbewahren.

PITAS, FLADENBROTE & CRACKER

Für gute Pita-Brote benötigt man einfach ein gut getestetes Rezept – und genügend Geduld, den Teig 10 Minuten lang zu kneten!

PITA-BROT

VORTEIG

80 ml lauwarmes Wasser

2 TL Ahornzucker oder anderer Süßstoff

9 g/1 EL Trockenhefe

TEIG

400 g Mehl, plus extra zum Bestäuben

100 g Vollkornmehl

1½ TL Meersalz

2 EL Olivenöl, plus extra zum Befetten

270 ml plus 2 EL lauwarmes Wasser

Teigschaber (optional)

Backblech, mit Backpapier ausgelegt

ERGIBT 10 PITA-BROTE

Zutaten für den Vorteig vermengen, mit einem feuchten Tuch abdecken und im Backofen bei eingeschaltetem Licht 30 Minuten ruhen lassen, bis er anfängt, Blasen zu werfen.

In einer großen Schüssel beide Mehlsorten und Salz für den Teig verrühren. Wasser, Öl und Vorteig zugeben und mit einem Holzlöffel vermengen. Teig zuerst in der Schüssel, danach auf einer sauberen Arbeitsfläche 10 Minuten kneten. Kein extra Mehl zugeben – der Teig soll klebrig sein. Es hilft, am Anfang einen Teigschaber zu verwenden.

Schüssel und Teig mit Öl bestreichen, Teig in die Schüssel legen, mit einem feuchten Tuch abdecken und im Backofen bei eingeschaltetem Licht 3 Stunden auf die doppelte Größe aufgehen lassen – oder besser noch den Teig einen Tag im Voraus zubereiten und über Nacht im Kühlschrank gehen lassen.

Backofen auf das Maximum vorheizen (meist 250 °C) und, wenn möglich, Umluftfunktion einschalten. Etwa 10 kleine, 80 g schwere Portionen vom Teig abstechen und auf einer bemehlten Arbeitsfläche weitere 10 Minuten gehen lassen.

Auf der bemehlten Arbeitsfläche vorsichtig jede Teigkugel auf einen Kreis mit ca. 15 cm Durchmesser ausrollen. Mit einem Spatel auf ein mit Backpapier ausgelegtes Blech mit der Oberseite nach unten legen, sodass die bemehlte Seite sichtbar ist. 4 Stück sollten auf ein Blech passen.

Den vorgeheizten Ofen öffnen und die Pita-Brote mit dem Backpapier vom Blech direkt auf den Boden des Ofens ziehen. 5 Minuten backen, bis sie aufgegangen und an der Unterseite leicht gebräunt sind. Ofen öffnen, Backpapier mit den gebackenen Pita-Broten wieder auf das Blech ziehen und den Vorgang mit dem restlichen Teig wiederholen. Bis zum Servieren in ein sauberes Geschirrtuch wickeln. Reste einfrieren.

Sie eignen sich gut zu Hummus, insbesondere für eine indisch gewürzte Variante. Falls Sie Hefebrot vermeiden wollen, sind Chapatis eine gute Alternative und sehr leicht herzustellen!

CHAPATIS

150 g Vollkornmehl, plus extra zum Bestäuben

150 g Mehl, plus extra zum Bestäuben

½ TL Meersalz

140 ml lauwarmes Wasser

2 EL Sesam- oder Olivenöl

ERGIBT 10 CHAPATIS, 13 CM IM DURCHMESSER

Beide Mehlsorten in eine Schüssel geben. Salz und Öl zugeben und verrühren. Nach und nach Wasser zugießen und zu einem glatten, mittelweichen Teig kneten. Das Kneten ist entscheidend, deshalb sollte man diesen Schritt keinesfalls auslassen und so lange kneten, bis die richtige Konsistenz erreicht ist (je nach verwendetem Mehl muss man entweder mehr Wasser oder mehr Mehl zugeben). In Frischhaltefolie wickeln und 15 Minuten ruhen lassen.

Teig in 10 gleich große Portionen teilen und jede zu einer Kugel formen, dabei so lange in der Hand rollen, bis diese glatt und ohne Risse ist. Jede Kugel in Mehl wälzen und mithilfe eines Nudelholzes zu Chapatis mit ca. 13 cm Durchmesser ausrollen. Jedes Chapati auf beiden Seiten leicht mit Mehl bestäuben, sodass es nicht kleben bleibt.

Eine Gusseisen- oder Edelstahlpfanne bei mittlerer Hitze erwärmen und ein Chapati einlegen. Sie sind bereit zum Wenden, sobald die ersten Blasen an der Oberfläche auftauchen, aber sie sollten nicht gebräunt sein. Wenden und sobald wieder Blasen auftreten, nochmals wenden. Nach dem zweiten Wenden einen Augenblick in der Pfanne lassen und das Chapati an den Rändern mit einem Geschirrtuch oder Ofenhandschuh leicht nach unten drücken. In der Mitte sollte es aufgebläht sein! Mit den restlichen Chapatis gleich verfahren. Sofort servieren oder mit einem Geschirrtuch abdecken, damit sie nicht austrocknen.

Die Zutaten für diese Cracker klingen vielleicht etwas eigenartig, da ich kein Mehl dafür verwende und das rohe Gemüse direkt in den Teig gebe, aber geben Sie doch bitte dem Rezept eine Chance – sie werden sehen, dass gesunde Zutaten köstliche Cracker ergeben können! Sie eignen sich gut zum Dippen für Hummus, wenn gesundheitsbewusste Feinschmecker auf einen Snack vorbeikommen.

BUCHWEIZEN-CRACKER MIT ROTEM PFEFFER

270 g Buchweizen, über Nacht in Wasser eingeweicht und gut abgetropft

5 EL Leinsamen oder Chiasamen, in Wasser eingeweicht, plus 1–2 EL extra zum Bestreuen

½ TL Meersalz

100 g/1 mittelgroße rote Paprika-schote

60 g Zwiebel, gehackt

1 EL süßes Paprikapulver

¼ TL geräuchertes süßes Paprikapulver, plus extra zum Bestreuen

110 ml reiner Karottensaft oder Wasser

ERGIBT 12–16 CRACKER

In einem Hochgeschwindigkeitsmixer alle Zutaten zu einer dicken Paste pürieren. Mit einem Stampfer Mischung nach unten schieben, um eine glatte Konsistenz zu bekommen.

Ein Stück Backpapier in der Größe des Ofengitters/der Backform zuschneiden und auf eine glatte Oberfläche (Arbeitsplatte oder Tisch) legen. Crackerteig auf das Backpapier geben und zu einer glatten, rechteckigen Fläche verstreichen. Wenn man richtig knackige Cracker haben will, sollte die Schicht dünn wie Papier sein. Bevorzugt man etwas mehr Textur, einfach auf die gewünschte Dicke ausrollen. Teig gleichmäßig mit den extra eingeweichten Leinsamen oder Chiasamen und einigen Prisen geräuchertem süßen Paprikapulver bestreuen. Ofengitter an den Rand der Arbeitsplatte oder des Tisches geben und Backpapier mit der Crackerpaste schnell darauf ziehen.

Auf der oberen Schiene in den Ofen schieben. Umluft einschalten und auf 100 °C aufheizen. Ofentüre mit einem gefalteten Geschirrtuch offen halten, um eine ordentliche Trocknung zu gewährleisten. 2–3 Stunden trocknen lassen.

Crackerteig kontrollieren, wenn er nicht mehr klebrig ist, Backpapier abziehen und je nach gewünschter Größe in Stücke brechen. Direkt auf dem Ofengitterganz trocknen lassen. Sollte ein Dörrapparat vorhanden sein, sollten Sie ihn verwenden – Sie wissen ja, was zu tun ist! Cracker in einem Ziplockbeutel im Kühlschrank aufbewahren.

Grissini sind allein schon köstlich, aber sie für einen Snack mit Hummus zu kombinieren, ist eine großartige Idee, besonders wenn man Sesamkörner in den Teig mischt! So bekommt man einen Sesam-Kick, selbst wenn kein Tahini für den Hummus im Haus ist!

SESAM-GRISSINI

140 ml lauwarmes Wasser

5 g/2 gestrichene TL Trockenhefe

5 g /1 TL Gerstenmalz (oder Agavensirup)

190 g Mehl

60 g Vollkornmehl

4 g/1 gestrichener TL Salz

2 EL rohe, ungeschälte Sesamkörner, plus 1 EL extra zum Bestreuen

3 EL leichtes Sesam- oder Olivenöl

2 Backbleche, ausgelegt mit Backpapier

ERGIBT 20 GRISSINI (ETWA 35 CM LANG)

In einer kleinen Schüssel Wasser mit Trockenhefe und Malz vermengen und 15 Minuten ruhen lassen, bis die Hefe leicht zu schäumen beginnt.

In einer separaten Schüssel beide Mehlsorten, Salz, Sesamkörner und 2 EL Öl vermengen. Schäumende Hefemischung unterrühren und etwa 4 Minuten zu einem glatten Teig kneten. Auf ein mit Backpapier ausgelegtes Blech legen. Mit einem Silikonpinsel Teig leicht mit Öl bestreichen. Im Backofen bei eingeschaltetem Licht 1 Stunde gehen lassen.

Backofen auf 180 °C vorheizen.

Teig zu einem Oval formen und mit einem scharfen, breiten Messer 1 cm dicke Streifen vom Teig abschneiden. Jeden Streifen mit den Fingern zu einem langen Grissino ausziehen; einige Streifen werden länger und dicker sein – so kann man 2 oder 3 Grissini daraus machen. Aus der angegebenen Teigmenge sollte man etwa 20 Grissini (35 cm lang, 1 cm dick) herausbekommen. Sie blähen sich beim Backen etwas auf. Ich verwende nie ein Nudelholz, das würde sie abflachen und die Luft herausdrücken, was die Grissini hart macht.

Die ausgezogenen Grissini auf ein zweites mit Backpapier ausgelegtes Blech im Abstand von 1 cm auflegen. Mit dem restlichen Öl bestreichen und den Sesamkörner bestreuen. Im vorgeheizten Ofen 12–15 Minuten in 2 Chargen backen; nach der Hälfte der Backzeit wenden. Auskühlen lassen und etwaige Reste in einem verschließbaren Beutel aufbewahren.

Dieser Teig braucht etwas Zeit, aber es zahlt sich aus, zu warten! Niemand kann dem köstlichen Duft frisch gebackener Focaccia widerstehen.

KÜMMEL-FOCACCIA

VORTEIG

40 g Roggenmehl

55 ml lauwarmes Wasser

9 g/1 EL Trockenhefe

TEIG

200 g ungebleichtes Dinkelmehl, plus extra zum Kneten

30 g Vollkornmehl

4 g/1 gestrichener TL Salz

110 ml lauwarmes Wasser

1 EL Olivenöl, plus extra zum Beträufeln

1 EL Sojamilch

2–3 TL Kümmelsamen (oder Fenchelsamen oder getrockneten Oregano)

1 TL grobes Meersalz

Backform (23 x 30 cm), gut befettet

ERGIBT 1 FOCACCIA

Zutaten für den Vorteig vermengen, abdecken und 30 Minuten ruhen lassen.

Beide Mehlsorten und Salz in einer Schüssel vermengen. In einer anderen Schüssel Wasser, Olivenöl und Sojamilch verquirlen. Flüssigkeit gut in den Vorteig einarbeiten und nach und nach die Mehlmischung zugeben. Teig mit einem Holzlöffel rühren und danach auf einer bemehlten Arbeitsfläche 5 Minuten oder länger kneten, bis er weich und leicht klebrig ist. Dabei eventuell Mehl zugeben, aber nicht mehr als unbedingt nötig. Teig in eine mit Öl ausgestrichene Schüssel legen, Oberfläche ebenfalls mit Öl bestreichen. Mit einem feuchten Tuch abdecken und an einem warmen Ort 2½ Stunden gehen lassen.

Sobald er aufgegangen ist, Teig in die befettete Backform geben und vorsichtig mit den Fingern von der Mitte zu den Rändern drücken. Mit den Fingerspitzen Gruben in den Teig stechen. Mit Olivenöl beträufeln, abdecken und 2 Stunden gehen lassen. Man sollte diesen Schritt nicht überspringen, denn ohne zweites Aufgehen wird das Ergebnis viel zäher sein.

Backofen auf 180 °C vorheizen.

Teig mit Kümmelsamen und grobem Salz bestreuen. Im vorgeheizten Ofen 20 Minuten goldbraun und knusprig backen. Vor dem Schneiden leicht auskühlen lassen.

Focaccia-Sandwiches sind bei Familie und Freunden äußerst beliebt – ich teile 1 Focaccia in 6 gleich große Stücke, schneide diese auseinander, bestreiche die Unterseite mit Hummus, setze eine Falafel darauf und gebe so viel Gemüse, Pickles, Sprossen und Grünzeug dazu, wie hineinpassen. So ergibt das eine vollständige Mahlzeit – sehr nahrhaft und sättigend!

Das ist eine fantastische Art, Polenta zuzubereiten und zu servieren. Dabei wird die Polenta köstlich cremig, wenn man sie in Wasser einweicht. Man kann alle Gewürze beimengen, zögern Sie also nicht, zu experimentieren! Sobald die Polenta ausgekühlt ist, schneidet man sie in dicke Scheiben und grillt/brät sie vor dem Servieren – so bekommt sie zusätzlich einen rauchigen Geschmack. Man kann diesen Schritt aber auch auslassen.

GEGRILLTER MAISKUCHEN

170 g Polenta/grobes Maismehl

¾ TL Meersalz

½ TL süßes Paprikapulver

½ TL Oregano, getrocknet

4 EL Olivenöl, plus
extra zum Grillen/Braten

Kastenform (450 g)

ERGIBT 1 KUCHEN `450 G

Polenta in 600 ml Wasser etwa 48 Stunden einweichen. Man weiß, dass sie fermentiert, wenn kleine Blasen aufzusteigen beginnen. An diesem Punkt alles in eine Pfanne mit schwerem Boden gießen und langsam zum Kochen bringen, dabei kräftig umrühren. Salz, Paprikapulver und Oregano zugeben und noch etwas weiterrühren. Auf ganz niedrige Hitze reduzieren, zudecken und 10 Minuten quellen lassen. Vom Herd nehmen, zudecken und weitere 10 Minuten ruhen lassen, danach kräftig umrühren und das Olivenöl zugeben.

Backform mit Öl bestreichen – die Größe der Form ist nicht so wichtig, ist sie zu groß, kann man die Polenta nur in einen Teil der Form geben. Polenta in die Form geben und mit einem Spatel oder feuchten Händen glatt streichen. Der „Laib" sollte 5–6 cm dick sein. Vollständig auskühlen lassen, dann auf eine saubere Arbeitsfläche stürzen. Mit einem scharfen Messer vorsichtig in 1 cm breite Scheiben schneiden. Jede Scheibe auf beiden Seiten mit Olivenöl bestreichen und unter den heißen Griller/in die heiße Grillpfanne geben; am besten gelingt es mit einem Holzofen- oder Gasgriller, aber eine Grillpfanne tut es auch. Anstelle von Brot servieren oder als Beilage zu einer Auswahl an Falafel oder Mezze.

Eine der vielen Variationen eines einfachen hefefreien Brotes, das ich seit Jahrzehnten zubereite. Statt der üblichen Zugabe von Öl arbeite ich Tahini ein, und das Kichererbsenmehl macht dieses Brot wunderbar reich an Proteinen.

TAHINI-BROT

60 g Tahini

240 ml prickelndes Mineralwasser

240 ml Kefir oder Soja-Joghurt (oder eine vegane Alternative)

330 g Dinkelmehl

130 g Kichererbsenmehl

2 TL Backpulver

1½ TL Salz

4 EL rohe ungeschälte Sesam-körner

Brotbackform (450 g), ausgelegt mit Backpapier (genau passend, ohne Falten)

Ofenthermometer (optional)

ERGIBT ETWA 14 SCHEIBEN

Backofen auf 220 °C vorheizen.

Tahini, prickelndes Mineralwasser und Kefir oder Soja-Joghurt in einer Schüssel verquirlen, bis sich alles aufgelöst hat. Mehlsorten, Backpulver und Salz direkt in die feuchten Zutaten sieben.

Mit einem Spatel kräftig umrühren, bis der Teig eine weiche, dicke Konsistenz hat.

2 EL Sesamkörner auf den Boden der vorbereiteten Backform streuen, Teig hineingeben und glatt streichen. Mit den restlichen Sesamkörnern bestreuen und leicht mit den Fingern andrücken. Backform in den vorgeheizten Ofen schieben, Temperatur auf 200 °C reduzieren und 1 Stunde backen. Mit einem Ofenthermometer die exakte Temperatur überprüfen, denn wenn die Temperatur unter 200 °C ist, geht das Brot nicht ordentlich auf.

Backform aus dem Ofen nehmen, Brot sofort aus der Form stürzen, Backpapier abziehen und auf einem Kuchengitter vollständig auskühlen lassen. Das verhindert, dass das Brot Feuchtigkeit aufnimmt, und so bleibt die Kruste knusprig. Brot in ein sauberes Geschirrtuch wickeln und an einem kühlen, trocknen Platz bis zu 4 Tage aufbewahren. In Scheiben servieren.

Man kann diese Cracker ausgekühlt entweder zum Dippen verwenden oder mit Hummus bestreichen und mit einer Falafel und rohem oder fermentiertem Gemüse belegen und genießen!

ROGGEN-CRACKER MIT CHIASAMEN

130 g Roggenmehl

130 g Mehl

15 g/2 EL Chiasamen

4 g/1 gestrichenen TL Salz

Schwarzer Pfeffer, frisch gemahlen

60 ml Olivenöl oder leichtes Sesamöl

60 ml Wasser

1 TL dunkler Agaven- oder Ahornsirup

Hummus, Gurken und Kresse, zum Servieren (optional)

Backblech, mit Backpapier ausgelegt

ERGIBT 12–16 CRACKER

Alle trocknen Zutaten in einer großen Schüssel vermengen. Feuchte Zutaten mit einem Schneebesen verquirlen und sie danach langsam in die Mehl-Samenmischung einarbeiten; gut umrühren, sodass sich alles verbindet. Der Teig sollte schnell eine Kugel bilden und nicht klebrig sein. Ein paar Mal durchkneten; gerade so lange, dass alle Zutaten gleichmäßig verteilt sind. In Frischhaltefolie wickeln und bei Raumtemperatur 10 Minuten ruhen lassen. So lässt sich der Teig viel leichter ausrollen.

Backofen auf 200 °C vorheizen.

Teig in 3 gleich große Stücke teilen und zwischen zwei Blättern Backpapier sehr dünn ausrollen. Will man richtig knackige Cracker haben, sollte die Schicht dünn wie Papier sein. Bevorzugt man etwas mehr Textur, einfach auf die gewünschte Dicke ausrollen.

Mit einem Messer oder Pizza-Cutter Formen ausschneiden. Quadrate und Rechtecke sind dabei eine gute Wahl, denn so bleibt nicht viel Teig übrig. Cracker mit einem Spatel oder einem Messer auf das mit Backpapier ausgelegte Blech legen und mehrmals mit einer Gabel einstechen.

4–7 Minuten backen, je nach Dicke. Nicht vergessen, sie sollten nicht braun, sondern nur leicht goldbraun sein. Sie werden aushärten, wenn sie auskühlen, deshalb sollte man nicht erwarten, dass sie knackig-knusprig aus dem Ofen kommen.

Hier werden sie mit Hummus bestrichen und mit Gurke und Kresse belegt, aber man kann sie essen, wie man will! In einem luftdicht verschließbaren Behälter aufbewahren, nachdem sie vollständig ausgekühlt sind.

Buchweizen ist wirklich gesund, das übersieht man oft – ich denke, es wäre eine Schande, ihn nicht von Zeit zu Zeit zu essen! Versuchen Sie diese Cracker als Snack, belegt mit Chutney oder geröstetem Gemüse.

BUCHWEIZEN-CRACKER

95 g Buchweizen

85 g Sonnenblumenkerne

100 g Gemüse, geraspelt, oder gekochte Gemüsereste

¾ TL Meersalz

1 mittelgroße rote Paprikaschote, entkernt

60 g Zwiebel, gewürfelt

½ TL Oregano, getrocknet

¼ TL Thymian, getrocknet

¼ TL Basilikum, getrocknet

2 EL Leinsamen, geschrotet

3 EL Olivenöl

110 ml Gemüsesaft oder Wasser

Ofengitter (40 x 32 cm) oder Backform

ERGIBT 15 CRACKER

Backofen auf 80 °C (oder der niedrigsten Stufe) vorheizen.

Alle Zutaten in einem Hochgeschwindigkeitsmixer zu einer dicken Paste pürieren. Ein Stück Backpapier in der Größe des Ofengitters/der Backform zuschneiden und auf eine glatte Oberfläche (Arbeitsplatte oder Tisch) legen. Crackerteig auf das Backpapier geben und zu einer glatten, rechteckigen Fläche verstreichen. Ofengitter an den Rand der Arbeitsplatte geben und Backpapier mit der Crackerpaste schnell darauf ziehen.

Auf der oberen Schiene in den Ofen schieben. Umluft einschalten und auf 100 °C aufheizen. Ofentüre mit einem gefalteten Geschirrtuch offen halten, um eine ordentliche Trocknung zu gewährleisten. 2–3 Stunden trocknen lassen.

Backpapier abziehen und mit einem Pizza-Cutter nach gewünschter Größe in Stücke schneiden; direkt auf dem Ofengitter 30 Minuten weiter trocknen lassen, wenn sie wirklich sehr knusprig werden sollen. Ich mag sie lieber ein bisschen weich, aber trockene Cracker lassen sich länger aufbewahren, ohne zu verderben.

Glutenfreie Cracker sollte man immer bei der Hand haben, wenn man vermeiden will, viel Brot oder gekaufte Cracker zu essen. Ich lagere immer welche im Vorratsschrank, denn ich mache oft die doppelte Menge, da sie sich über einen Monat frisch halten, wenn sie durchgebacken und getrocknet sind.

BUCHWEIZEN-TAHINI-CRACKER

80 g Tahini

90 g Buchweizen

90 g Sonnenblumenkerne, plus extra, zum Bestreuen (optional)

100 g Sellerie, geraspelt

¾ TL Salz

1 grüne Paprikaschote, entkernt

2 Frühlingszwiebeln

2 EL Leinsamen, geschrotet

1 TL Leinsamen, zum Bestreuen (optional)

110 ml plus 2 EL Selleriesaft oder Wasser

ERGIBT 20–24 CRACKER

Backofen auf 80 °C (oder bei der niedrigsten Stufe) vorheizen.

Alle Zutaten in einem Hochgeschwindigkeitsmixer zu einer dicken Paste pürieren. Ein Stück Backpapier in der Größe des Ofengitters/der Backform zuschneiden und auf eine glatte Oberfläche (Arbeitsplatte oder Tisch) legen. Crackerteig auf das Backpapier geben und zu einer glatten, rechteckigen Fläche verstreichen. Ofengitter an den Rand der Arbeitsplatte geben und Backpapier mit der Crackerpaste schnell darauf ziehen.

Wenn gewünscht, Masse mit den extra Sonnenblumen-kernen und Leinsamen bestreuen.

Auf der oberen Schiene in den Ofen schieben. Umluft einschalten und auf 100 °C aufheizen. Ofentüre mit einem gefalteten Geschirrtuch offen halten, um eine ordentliche Trocknung zu gewährleisten. 2–3 Stunden trocknen lassen.

Aus dem Ofen nehmen, Backpapier abziehen und mit einem Pizza-Cutter je nach gewünschter Größe in Stücke schneiden oder in Stücke brechen; wieder in den Ofen schieben und direkt auf dem Ofengitter 30 Minuten weitertrocknen lassen, wenn sie wirklich sehr knusprig werden sollen. Ich mag sie lieber ein bisschen weich, aber trockene Cracker lassen sich länger aufbewahren, ohne zu verderben. Anstatt Brot oder als richtig gesunden Snack verwenden.

Diese knusprigen, salzigen Cracker eigenen sich perfekt zum Dippen für alle Hummus-Rezepte in diesem Buch.

ROGGEN-TAHINI-CRACKER

130 g Roggenmehl

130 g Mehl

2 EL schwarze oder ungeschälte Sesamkörner

½ TL Salz

Schwarzer Pfeffer, frisch gemahlen

60 g Tahini

1 TL brauner Reissirup

Backblech, mit Backpapier ausgelegt

ERGIBT ETWA 16 CRACKER

Beide Mehlsorten, Körner, Salz und etwas Pfeffer in einer Schüssel vermengen. In einer zweiten Schüssel Tahini und Sirup mit 60 ml Wasser verquirlen, danach langsam in die trockene Mehl-Samenmischung einarbeiten; gut umrühren, sodass sich alles verbindet. Der Teig sollte schnell eine Kugel bilden und nicht klebrig sein. Ein paar Mal durchkneten; gerade so lange, dass alle Zutaten gleichmäßig verteilt sind. In Frischhaltefolie wickeln und bei Raumtemperatur 10 Minuten ruhen lassen. So lässt sich der Teig viel leichter ausrollen.

Backofen auf 200 °C vorheizen. Teig in 3 gleich große Stücke teilen und zwischen zwei Blättern Backpapier sehr dünn ausrollen. Will man richtig knackige Cracker haben, sollte die Schicht dünn wie Papier sein. Bevorzugt man etwas mehr Textur, einfach auf die gewünschte Dicke ausrollen.

Mit einem Messer oder Pizza-Cutter Formen ausschneiden. Quadrate und Rechtecke sind dabei eine gute Wahl, denn so bleibt nicht viel Teig übrig. Reste neu ausrollen. Cracker mit einem Spatel oder einem Messer auf das mit Backpapier ausgelegte Blech legen und mehrmals mit einer Gabel einstechen.

4–7 Minuten im vorgeheizten Ofen je nach Stärke der Cracker backen. Nicht vergessen, sie sollten nicht braun, sondern nur leicht goldbraun sein. Sie werden aushärten, wenn sie auskühlen, deshalb sollte man nicht erwarten, dass sie knackig-knusprig aus dem Ofen kommen.

Vollständig auskühlen lassen und in einem luftdicht verschließbaren Behälter 1–2 Wochen aufbewahren.

Wer verwendet nicht gern gewöhnliche Kartoffelchips, um in Hummus zu dippen? Diese hier sind eine großartige Ergänzung zu jedem Falafel-Mezze-Aufstrich (siehe Seite 83) oder einfach nur ein perfekter leichter Snack für sich allein. Erwarten Sie nicht, dass sie so knusprig wie frittierte Chips sind, aber ihr erstaunlich reicher Geschmack wird Sie dafür entschädigen.

GEMÜSE-CHIPS

400 g/3 große **Karotten**

400 g/2 große **Knollen Rote Bete oder Rüben**

400 g/3 große **Pastinaken**

3 EL **Olivenöl**

1 TL feines **Meersalz**

ERGIBT ETWA 4–6 PORTIONEN

Wurzelgemüse gut abreiben, Spitzen abschneiden und dunkle Flecken entfernen. Mit einem Gemüsehobel der Länge nach in möglichst lange Streifen schneiden. Kleine Stücke werden zu mundgerechten Bissen schrumpfen. Die Streifen sollten auch nicht zu dünn oder durchscheinend sein.

In separate Schüsseln geben und in jede Schüssel 1 EL Öl und 1/3 TL Salz zugeben und gründlich vermengen.

In einzelnen Schichten in einen Dörrapparat geben und 2 Stunden bei Höchsttemperatur trocknen lassen, danach die Temperatur auf 50 °C reduzieren und nochmals 5 Stunden weitertrocknen, bis sie knusprig sind.

Ich ziehe es vor, Tortilla-Chips nur mit fein gemahlenem Maismehl ohne Zugabe einer anderen Mehlsorte zu machen, denn ich mag den Geschmack und die Textur, und außerdem sind sie glutenfrei! Diese Tortilla-Chips muss man jedoch bald nach dem Backen verzehren, denn sie werden ziemlich hart und zäh, wenn man sie vollständig auskühlen lässt. Wenn Sie sie länger aufbewahren möchten, sollten sie die Hälfte des Maismehls durch Weizen- oder Dinkelmehl ersetzen.

HAUSGEMACHTE TORTILLA-CHIPS

150 g gelbes Maismehl, fein gemahlen

½ TL Meersalz, oder nach Geschmack

1 EL Sesamkörner

1 EL Olivenöl

240 ml kochendes Wasser

ERGIBT 20–24 DREIECKIGE CHIPS

Backofen auf 150 °C vorheizen.

In einer Schüssel das fein gemahlene Maismehl, Salz und Sesamkörner vermengen, dann Öl und kochendes Wasser zugeben. Kräftig umrühren, sodass sich alles gut verbindet; der Teig sollte weich, aber nicht klebrig sein.

2 Stück Backpapier auf die Größe des Backblechs zuschneiden. 1 Blatt Papier auf die Arbeitsfläche geben, Teig darauflegen und diesen mit dem 2 Blatt Papier abdecken. Mit einem Nudelholz Teig etwa 1 mm dick ausrollen.

Im vorgeheizten Ofen 10 Minuten backen. Herausnehmen und mit einem Messer Dreiecke oder eine Form nach Wahl auf dem Teig markieren. 7–10 Minuten weiterbacken, bis der Teig nicht mehr weich ist. Achtung, wenn man zu lange bäckt, werden die Chips zu hart! Auskühlen lassen und an der markierten Stellen zerbrechen. Am selben Tag mit einem der Hummus-Rezepte oder Falafel-Mezze-Aufstriche servieren.

REGISTER

DANK FÜR REZEPTE

Alle Rezepte stammen von Dunja Gulin außer:

GHILLIE BASAN
Gemischte Salat-Pickles

MATT FOLLAS
Dicker-Bohnen-Hummus

KATHY KORDALIS
Koriander-Feta-Pesto
Körnige Falafel

THEO A. MICHAELS
Geschmack der Levante

HANNAH MILES
Marokkanische Kichererbsensuppe mit
Falafel & Harissa-Taschen

LOUISE PICKFORD
Marokkanische Mezze-Box

CLAIRE POWER
Kichererbsen-Nuggets

LEAH VANDERVELDT
Süßkartoffel-Falafel

LAURA WASHBURN-HUTTON
Kichererbsen-Häppchen

SARAH WILKINSON
Quinoa-Tabbouleh mit Spinat-Falafel

BILDNACHWEIS

TIM ATKINS
Seiten 1, 2–3, 5, 7, 9, 15, 16, 19, 20, 23, 24, 26–27, 28–29, 35, 36, 39, 40, 51, 52, 55, 56, 59, 65, 66, 69, 70, 88–89, 107, 109, 111, 112.

PETER CASSIDY
Seiten 126.

MOWIE KAY
Seiten 10, 31, 81, 82–85, 90, 93, 94, 97, 98, 118, 133, 134, 137, 138, 141, 146, 155, 156.

ADRIAN LAWRENCE
Seite 77.

STEVE PAINTER
Seiten 74, 101.

WILLIAM REAVELL
Seiten 60, 122, 149.

TOBY SCOTT
Seiten 121, 125, 129, 142.

KATE WHITTAKER
Seite 47.

CLARE WINFIELD
Seiten 43, 44, 73, 102, 114, 116–117, 145, 150, 152.